Wolfgang Halm
Carolina Ortiz Blasco

temas

vocabulario

Max Hueber Verlag

Verlagsredaktion: Elisabeth Stiefenhofer, Ismaning
Layout: Bettina Crusius, Ismaning
Umschlaggestaltung: Atelier Stark und Klingshirn, München

Halm, Wolfgang
Temas - Un curso de español para avanzados/Wolfgang Halm;
Carolina Ortiz Blasco. - München [i.e. Ismaning]: Hueber
NE: Ortiz Blasco, Carolina:
Vocabulario - 1. Aufl. - 1984.
ISBN 3-19-024055-8

1. Auflage
3. 2. 1. | Die letzten Ziffern
1988 87 86 85 84 | bezeichnen Zahl und Jahr des Druckes.
Alle Drucke dieser Auflage können, da unverändert, nebeneinander benutzt werden.

Satz: Fotosatz Weihrauch, Würzburg
Druck: Allgäuer Zeitungsverlag, Kempten · Printed in Germany
ISBN 3-19-024055-8

Contenido

Introducción

Este **Vocabulario** presenta las palabras, frases hechas, etc. que salen en los 100 textos de «Temas», con excepción de las que se supone que ya las conoce el alumno que empieza a ampliar sus conocimientos básicos con este libro.

Como no es imprescindible tratar los textos y unidades de «Temas» siguiendo un orden determinado, muchas palabras aparecen en el **Vocabulario** más de una vez.

Las palabras consideradas como esenciales o importantes para la comunicación, tanto oral como escrita – las que pertenecen al Certificado de español y algunas más – se presentan **en negrilla**. El profesor o el alumno pueden juzgar, por el número de palabras presentadas en negrilla, si un texto aporta mucho o poco al desarrollo de la capacidad lingüística comunicativa. Hay textos prácticamente imprescindibles, desde este punto de vista, como por ejemplo la mayoría de las entrevistas. Otros textos se prestan más bien para la simple lectura, para la información, reflexión y discusión, pero menos para el aprendizaje sistemático de un vocabulario de aplicación activa.

En la tercera columna del **Vocabulario**, se indican

- palabras derivadas de las que aparecen en el texto, o de las que se derivan palabras del texto, por ejemplo:
  la limpieza – limpio; limpiar
  los gastos – gastar
- sinónimos o expresiones equivalentes, por ejemplo: de vez en cuando – a veces
- antónimos o expresiones contrarias, por ejemplo: cerca – cerca/lejos
- infinitivos o formas irregulares de los verbos, por ejemplo: me refiero a – referirse a
  convertirse en – se convierte en

La tercera columna sirve, por tanto, para aclarar, completar y sistematizar el estudio del vocabulario.

unidad 1

1 Vivir de un buen sueldo

el **ama de casa**	Hausfrau	las amas de casa
organizarse	sich alles gut einteilen	**organizar**
arreglárselas	zurechtkommen	
¡qué **remedio**!, no tiene remedio	es bleibt nichts anderes übrig	
cuento con . . . pesetas	ich habe . . . Peseten zur Verfügung	
contar	zählen; rechnen; erzählen	**cuento**
la clase **particular**	Privatstunde	
el Tribunal Supremo	Oberster Gerichtshof	
dejar de lado	auf die Seite legen	
conceder un préstamo	ein Darlehen bewilligen	
y eso que . . .	und dabei . . .!	
ahorrar	sparen	
en todos los **artículos**	bei allen Waren (Artikeln)	
o sea (que)	mit anderen Worten	
las **latas, conservas**	Dosen, Konserven	
comprender	verstehen, begreifen	
la limpieza	Sauberkeit; Putzen	**limpio; limpiar**
la compra **diaria**	der tägliche Einkauf	
acercarse (a)	hingehen (s. nähern)	**cerca/lejos**
despedirse (de)	sich verabschieden von	**me despido** (pedir)
el **chorizo**	Paprikawurst	
cosas **por el estilo**	Dinge dieser Art	
me **devuelven**	sie geben mir zurück	**devolver -ue-**
¿en qué consiste?	worin/woraus besteht . . . ?	**consistir**
una comida vuestra	ein Essen von/bei euch	
con lo que comen	bei dem, was die essen	
la **edad**	Alter	
crecer	wachsen	**crezco, crece**
el león	Löwe	
algo de peso	etwas Kräftiges (Schweres)	
llenar el **estómago**	den Magen füllen	
si no	sonst	

guisar	kochen	
desaparecer	verschwinden	**desaparezco**
simplemente	einfach	**simple**
el jamón de York	gekochter Schinken	
es inútil	da hilft gar nichts (es ist sinnlos, nutzlos)	
los **gastos**	Kosten, Ausgaben	**gastar**
la **educación**	Erziehung (hier: Schule)	**educar**
gratuito	gratis, kostenlos	
. . . **y tal**	. . . und so	
le convendría más	es wäre besser für ihn	**me/le conviene**
ni hablar	keine Spur!	
le saldría aún más caro	das würde für ihn noch teurer	**salir barato/caro**
de vez en cuando	ab und zu	**a veces**
de tarde en tarde	ab und zu, ziemlich selten	
añadir	hinzufügen, dazunehmen	
mantener el coche	das Auto unterhalten	**mantengo**
se está cayendo de viejo	er fällt auseinander	
ni una peseta	nicht eine einzige Pesete	ni una palabra
salir adelante	weiterkommen, durchkommen	**salgo, sale**
es **lo principal**	das ist die Hauptsache	

2 Así se gasta el presupuesto familiar

el presupuesto **familiar**	das Budget der Familie	
la familia **campesina**	bäuerliche Familie	
la familia urbana	städtische Familie	
las comunicaciones	hier: Fernmeldewesen	
las diversiones	Vergnügungen	**divertirse**
la **cultura (general)**	Bildung (Allgemein-)	
la media	Durchschnitt	
alrededor del 30 por 100	ungefähr bei 30%	

3 Comer en España

a la cabeza de	an der Spitze von	
evidente, evidentemente	offensichtlich	
vasco	baskisch	
el **comedor**	Eßzimmer; hier: Restaurant	
nadie les **niega** esa primacía	niemand spricht ihnen diesen ersten Rang ab	**negar -ie-**

la materia prima	Rohstoff, Ausgangsmaterial	
la **humedad**	Feuchtigkeit	**húmedo**
el **chiste**	Witz	
o . . . o	entweder . . . oder	
confianza; desconfianza	Vertrauen; Mißtrauen	
bilbaíno: de Bilbao		
una serie de	eine Reihe von	
ser capaz de . . .	in der Lage sein, zu . . .	**capaz/incapaz**
un par de	ein paar, ein Paar	
el **cordero**	Lamm	
la **docena**	Dutzend	
el pájaro, pajarito	Vogel, Vögelchen	
miró a su alrededor	schaute um sich	
tienen su «saque»	haben ihren Mordsappetit	
el prólogo	Vorwort; hier: Vorspeise	
chuletas con guarnición	Koteletts mit Beilage	
atrás	zurück, rückwärts	**atrás/adelante**
un plato **a base de** . . .	ein Gericht aus . . .	
las habas	Bohnen	
el **cerdo**	Schwein	
(estar) **de pie**	stehen	
apoyar	unterstützen	
la **variedad** de las **tapas**	die Vielfalt der „Tapas“	
increíble	unglaublich	creer – increíble
a la larga	auf die Dauer	
la suma	Summe	
los **calamares**	Tintenfische	
cocer; el cocido	kochen; (Madrider) Eintopf	cocido/crudo
las cazoletitas	Pfännchen	
el frito de **pescados**	verschiedene gebratene Fische	
cruzar fronteras	Grenzen überschreiten	
me refiero a . . .	ich spreche von; ich meine . . .	**referirse a**
misterio; **misterioso**	Geheimnis; geheimnisvoll	
descubrir; descubierto	entdecken; entdeckt	
los **legumbres**	Gemüse, Hülsenfrüchte	
la **temperatura**	Temperatur	
a la sombra	im Schatten	al sol/a la sombra
el **campesino**	Bauer	
aguantar	aushalten	
algo que sirviera de	etwas, was als . . . diente	**sirve de**
bebida y alimento	Getränk und Nahrungsmittel	
aparte de	außer; abgesehen von	

aunque	obwohl	
al llegar el verano	wenn der Sommer kommt	
convertirse en . . .	werden zu . . .	**se convierte en**
aparecer	erscheinen	**desaparecer**
el **éxito**	Erfolg	tener éxito
se debe a (que)	ist zurückzuführen auf . . .	
el garbanzo	Kichererbse	
la **península**	Halbinsel (iberische H.)	la **isla**
los pecados capitales	die Todsünden	

4 El pote gallego

las judías blancas	weiße Bohnen	
el tocino	Speck	
el repollo	Weißkraut	
la manteca	Schweinefett	
la cucharada	ein Löffel (Maß)	
gordo	dick	
por **separado**	getrennt	
el caldo	Fleischbrühe	
el pan **tostado**	Toast	la **tostada**

unidad 2

5 El 12 de octubre de 1492

el **comienzo**	Beginn	**comenzar**
tal poder de emoción	eine derartige Gewalt der inneren Bewegung	
el puño; el puñado	Faust; eine Handvoll	
seres humanos	menschliche Wesen	
el perfil	Profil, Umriß	
algunas palmeras	einige Palmen	
semi-. . .; semidesnudo	halb-. . .; halbnackt	
aves marinas en bandadas	Seevögel in Schwärmen	
habían **hallado tierra**	sie hatten Land gefunden	
ahora que habían renacido	jetzt, wo sie wiedergeboren waren	
formularon **comparaciones**	sie formulierten Vergleiche	
les recordaban	erinnerten sie an	
vagos y caprichosos parecidos	unbestimmte, zufällige (launische) Ähnlichkeiten	
remoto	weit entfernt	muy lejano
la aldea nativa	das Geburtsdorf	
cantaban como ruiseñores	sangen wie Nachtigallen	
el descubrimiento	Entdeckung	**descubrir, descubierto**
los manuales de **historia**	Geschichtsbücher	
la **humanidad**	Menschheit	
el destino	Schicksal, Bestimmung	
coincidir	übereinstimmen, zusammentreffen	
las carabelas	Karavellen	
cosas **fundamentales**	grundlegende Dinge	
el **cristiano**	Christ	
la **reina** de Castilla	Königin von Kastilien	
varios reinos	verschiedene Königreiche	
había **castellanos**	es gab da Kastilier	
la **frontera** con el moro	die Grenze zum (zu den) Mauren	
las tres **religiones**	die drei Religionen	
judíos, moros y cristianos	Juden, Mauren und Christen	

gallegos, vizcaínos	Galicier, Leute aus Vizcaya (Baskenland)	
el gran genovés	der große Genovese (Columbus)	
había **imaginado**	er hatte ausgedacht	
la **increíble** aventura	das unglaubliche Abenteuer	
apenas	kaum	
el indígena	der Eingeborene	
el aislamiento universal	die Isolierung in der Welt	
naciones dispersas	verstreute Völker	
de una misma raza	ein und derselben Rasse	
una inmensa **isla**	eine ungeheuer große Insel	
se extendía de polo a polo	erstreckte sich von Pol zu Pol	la **extensión**
por las buenas o por las malas	im Guten oder im Bösen	
de inmediato; **inmediatamente**	unmittelbar, sofort	
transplantar	übertragen	
se estaba haciendo	war im Werden begriffen	**hacerse**
el **siglo XVI** (dieciséis)	das 16. Jahrhundert	
continuar	fortdauern	continúa
la **civilización** aborigen	die eingeborene Kultur	

6 Incas, aztecas y mayas

incas, aztecas y mayas	Inkas, Azteken und Mayas	
irrumpieron	sie brachen ein	**irrumpir**
el apogeo	Höhepunkt	
el imperio teocrático	das von Göttern bestimmte Reich	
extendía su poder	breitete seine Macht aus	la **extensión**
comprendía parte de Colombia	umfaßte einen Teil Kolumbiens	
la selva brasileña	der brasilianische Urwald	
la confederación	Konföderation, Staatenbund	
alcanzar un alto **nivel**	ein hohes Niveau erreichen	
la eficacia	Wirksamkeit; Funktionieren	
el **valle**	Tal	
persistía en los herederos	bestand in den Erben fort	
organizarse para la **guerra**	sich für den Krieg organisieren	
la **sociedad**	Gesellschaft, Volk	
numerosos testimonios	zahlreiche Zeugnisse	
la grandeza	Größe	
a pesar de	trotz	
la devastación	Verwüstung	
monumentos religiosos	religiöse Bauten	

la sabiduría	Weisheit; Wissen; Können	
las pirámides egipcias	ägyptische Pyramiden	
eficaces **creaciones técnicas**	wirkungsvolle technische Schöpfungen	
la **lucha** con la **naturaleza**	Kampf mit der Natur	
demuestran un gran talento	beweisen großes Talent	
centenares de cráneos	Hunderte von Schädeln	
trepanaciones y curaciones	Trepanationen (operative Durchbohrungen des Schädels) und Heilungen	**curar**
placas de **oro** y **plata**	Platten aus Gold und Silber	
por parte de los cirujanos	seitens der Chirurgen	
medir el tiempo y el espacio	Zeit und Raum messen	
con precisión **sorprendente**	mit erstaunlicher Genauigkeit	**sorprender**
el **valor** de la **cifra** cero	der Wert der Zahl Null	

7 El castellano de España y el castellano de América

I.

ni un solo rasgo	nicht ein einziger Charakterzug	
el **origen**	Ursprung	
la prolongación	Verlängerung; Fortsetzung	la continuación
el español peninsular	das Spanisch der iberischen Halbinsel	
el habla f.	gesprochene Sprache	las hablas
revela **a cada paso**	enthüllt auf Schritt und Tritt	
el argentinismo	typisch argentinischer Ausdruck	
diferenciado	differenziert	**la diferencia**
la aclimatación	Akklimatisierung, Anpassung	**el clima**
las Antillas	Antillen	
la **conquista** partió	die Conquista (Eroberung) nahm ihren Ausgang	partir
en gran parte	zum großen Teil	
un rasgo unificador	ein vereinheitlichendes Merkmal	
el seseo	die Aussprache „s" von „c" und „z"	
pronunciar	aussprechen	
la **ciencia**	Wissenschaft	**científico**
el **corazón**	Herz	
una portentosa unidad	eine gewaltige Einheit	
mayor que	größer als	**mayor/menor**
la pérdida	Verlust	perder
común	gemeinsam	

el loísmo	die ausschließliche Verwendung des Pronomens „lo" (maskulin) im Akkusativ	
lo **seguimos llamando** pan	wir nennen es weiterhin Brot	
por **encima de** este **fondo**	über diesen Hintergrund hinaus	
la divergencia	Unterschied	la **diferencia**
la onda	Welle (auch Radiowelle)	
la **superficie**	Oberfläche	**superficial**
II.		
separar	trennen	
la lengua común	die gemeinsame Sprache	
afirmar	behaupten	la **afirmación**
de todos modos	auf alle Fälle	
es **evidente**	es ist offensichtlich	
el **uso**	Gebrauch	
no está exento de **conflictos**	ist nicht frei von Schwierigkeiten	
el equívoco, el **malentendido**	Mißverständnis	
aun; hasta	sogar	
los mismos países hispano-americanos	die lateinamerikanischen Länder selbst	
los Estados Unidos (EE.UU.)	die Vereinigten Staaten	
lidiar	kämpfen (eigentlich: mit dem Stier)	**luchar**
infructuosamente	fruchtlos	sin éxito
llevarse una sorpresa	eine Überraschung erleben	
ofrecer	anbieten	
la **especialidad**	Spezialität	
humildes **panecillos**	ganz einfache Brötchen	
confundir	verwechseln	
el **camión**	Lastwagen; hier: Bus	
dar vueltas	herumfahren (im Kreis)	
a no ser que (+ subj.) . . .	es sei denn, daß . . .	
amistosamente	freundschaftlich	la **amistad**
un empujón; **empujar**	Stoß; stoßen; schieben	
cordial	herzlich	
acercar al punto de destino	in die Nähe des Ziels bringen	
recurrir a un bolero	zu einem Schuhputzer gehen	el limpiabotas
en un santiamén	im Handumdrehen	
le llama la **atención**	erregt seine Aufmerksamkeit	
diversos letreros	verschiedene Tafeln, Aufschriften	
por todas partes	überall	
un **cartel enigmático**	ein rätselhaftes Plakat	

estacionar	parken	**aparcar**
el **conductor**	Fahrer	
acarrear	transportieren	
material de **construcción**	Baumaterial	
sorprende la **respuesta**	die Antwort überrascht	**responder**
ponderar	loben; rühmen	
la exquisita cortesía	die ausgesuchte Höflichkeit	
comprobar	prüfen; feststellen	**comprobar -ue-**
la **duda ofende**	„der Zweifel beleidigt“: wie können Sie nur fragen?	**dudar**
pos = pues		
tener inconveniente (en)	etwas dagegen haben	
convidar	zum Essen einladen	
tan sueltos de cuerpo	ganz unverfroren	
encargar	bestellen, in Auftrag geben	
una soberbia paella	eine prachtvolle Paella	
en vano	umsonst, vergeblich	
una afirmación obvia	eine selbstverständliche Feststellung	
nos volveremos a ver	wir werden uns wiedersehen	
el homenaje	Ehrung	
agraciado	hübsch	
quiso	er wollte	**querer: quise, quiso**
callarse	schweigen	
se puso de pie	sie stand auf	
el vómito	Brechen, Brechreiz	devolver la comida
y hasta a un hombre	und sogar einem Mann	

8 El náhuatl

el náhuatl	Nahuatl, eine Indiosprache
la **influencia**	Einfluß
desconocer; desconocido	nicht kennen; unbekannt
el **chocolate**	Schokolade
el chicle	Kaugummi
el aguacate	Avocado

9 La nueva literatura americana

la **literatura**	Literatur
érase una vez . . .	es war einmal

el lector	Leser	
exigir (que + subj.)	verlangen	
la soledad	Einsamkeit	
cruel; la crueldad	grausam; Grausamkeit	
el murmullo de la selva	das Raunen des Urwalds	
hacia los años 30	etwa um die 30er Jahre	
al tiempo que meditan	während sie gleichzeitig nachdenken	
llano; la llanura	flach; Ebene	
la dictadura	Diktatur	
la magia antillana	die Magie auf den Antillen	
un **camino** literario	ein literarischer Weg	
por casualidad	aus Zufall	
rioplatense	vom Rio de la Plata (Argentinien, Uruguay, Paraguay)	
la universalidad de su **cultura**	ihre umfassende Bildung	
profundizar	tiefer gehen, vertiefen	**profundo**
las raíces **propias**	die eigenen Wurzeln	
el mito	der Mythos	
la problemática política	die politische Problematik	
inmediato	unmittelbar	**inmediatamente**
entre otros	unter anderen	
dar el golpe definitivo	den entscheidenden, endgültigen Schlag tun	
la **identidad** nacional	nationale Identität	universal/nacional
narrativa y critica	Erzählkunst und Kritik	

unidad 3

10 Periódicos de España

responsable	verantwortlich; Verantwortlicher	
el **sistema,** la **organización**	das System; die Organisation	
la **producción**	Herstellung	**producir**
estar enterado de	informiert sein über	**enterarse de**
siguen	es folgen (an nächster Stelle)	**seguir**
tirando para arriba	(ABC) zieht nach oben	
el **diario**	Tageszeitung	
independiente; independencia	unabhängig; Unabhängigkeit	**depender**
liberal; conservador	liberal; konservativ	
la burguesía	das Bürgertum	burgués
pertenecer a	gehören	**pertenezco**
católico	katholisch	**protestante**
las directrices de la Iglesia	die Leitlinien der Kirche	
la **mezcla**	Mischung	**mezclar**
llamado	sogenannt	
intenta **atraer** a la masa	versucht die Masse anzuziehen	**atraer**
lo que tú mejor conoces	was du am besten kennst	
entre	hier: zusammengenommen	
la **relación**	Verhältnis; Beziehung	
una tercera parte	Drittel; der dritte Teil	
administrativo	Verwaltungs. . .	**administración**
comercial	Handels. . .; kommerziell	el **comercio**
el que tiene más **empleados**	die die meisten Angestellten hat	
al revés	umgekehrt	
salió en 1976	kam 1976 (erstmals) heraus	
exigir mucho **personal**	viel Personal erfordern	
incluso	sogar	
pasado de moda	altmodisch; überholt	
en provincias	außerhalb der Hauptstadt	la **provincia**
fuera de Madrid	außerhalb von Madrid	**dentro/fuera**
mencionar	erwähnen	
mínimo	äußerst gering	**mínimo/máximo**

más bien	eher	
local	örtlich	**local/regional**
dirigir	leiten	el **director**
José Ortega y Gasset	span. Philosoph (1883–1955)	
el **periodista**	Journalist	
la **información**	Information	**informar, informarse**
la **cultura**	Kultur; Bildung	**cultural**
los **espectáculos**	Theater, Kino, Veranstaltungen	
la **economía**	Wirtschaft	**económico**

11 Corazones de papel

las revistas del corazón	„Frauenzeitschriften", „Regenbogenpresse"	
la difusión	Verbreitung	
la tirada semanal	wöchentliche Auflage	
la **publicación**	Veröffentlichung	
contener; el contenido	enthalten; Inhalt	
tiradas inferiores/menores	geringere Auflagen	
el **consumo;** el **consumidor**	Verbrauch; Verbraucher	
el objeto básico	wesentlicher Gegenstand	
el cotilleo	Klatsch	
aspectos	Aspekte	
de **interés femenino**	von Interesse für Frauen	
según un estudio	laut einer Studie	
el **ministro;** el **ministerio**	Minister; Ministerium	
aproximadamente	ungefähr	
dedicar	widmen	
estar relacionado con	in Verbindung stehen mit	tener que ver con
la **pareja**	Paar	
el mundo del **espectáculo**	Film, Fernsehen, Theater usw.	
la **belleza**	Schönheit	
temas culturales y políticos	kulturelle und politische Themen	
fundamentalmente creo	vor allem glaube ich	**fundamental**
limitaciones informativas	Informationsbeschränkungen	
el lector masivo	der Massenleser	la masa; masivo
permanecer	bleiben, fortbestehen	
sediento	durstig	la **sed**
la **boda;** el **divorcio**	Hochzeit; Scheidung	casarse/divorciarse
asegurar	versichern	
la murmuración	Gerede, Klatscherei	
sin ninguna **consecuencia**	ohne jede Folge	

12 La publicidad atacada

la **publicidad**	Werbung	hacer publicidad
la **colección**	Sammlung	**coleccionar**
el **sobre**	Briefumschlag	
el **apellido;** el **nombre**	Familienname; Vorname, Name	
correcto; incorrecto	richtig; falsch	
me hace gracia	ich finde es lustig	
demuestra que	es beweist, daß ...	demostrar; mostrar
tener **imaginación**	Phantasie haben	imaginarse algo
lo que pasa es que ...	es ist einfach so, daß ...	
tener **sentido del humor**	(Sinn für) Humor haben	
para ser vasco	dafür, daß Sie Baske sind	
meter el dedo en el ojo	ärgern	
dedicarse a la publicidad	sich mit Werbung beschäftigen	
esa es otra	das ist schon wieder sowas	
os metéis con la publicidad	ihr macht euch über die Werbung her	**meterse con algo** **meterse con alguien**
los **periodistas**	ihr Journalisten	
en **particular**	besonders	
por supuesto que	natürlich	
defender/atacar	verteidigen/angreifen	**defender: defiendo**
lo estúpidamente que	wie dumm	
continuamente	ständig	continuo
respecto a, con respecto a	was ... betrifft	
qué influye más	was hat mehr Einfluß	influir
sus seguidores	ihre Anhänger	seguir: seguidor
fumar como carreteros	rauchen wie Maultiertreiber	
un **tema** gravísimo	ein sehr ernstes Thema	**grave,** gravísimo
ciertos productos de **lujo**	gewisse Luxusartikel	
anunciar	ankündigen; werben	
producir problemas	Probleme hervorrufen	
cometer errores	Fehler machen	
indudablemente	zweifellos	dudar, la duda
crear	schaffen; hervorrufen	
el **deseo**	Wunsch	**desear**
tiene **ataques**	kriegt Anfälle	
el propio niño	das Kind selbst	
efectivamente	es ist so	**en efecto**
se ponen en juego	werden eingesetzt	
retener en el sillón	auf seinem Sessel festhalten	
el telespectador	der Fernsehzuschauer	

últimamente	in letzter Zeit	
es cierto	das stimmt	
al ser un elemento nuevo	da es ein neues Element ist	
resulta **atractivo**	es wirkt attraktiv	
los electrodomésticos	(elektrische) Haushaltsgeräte	
el **jabón**	Seife	
los detergentes	Waschpulver; Putzmittel	
seguirán dirigidos a las amas de casa	werden sich weiterhin an die Hausfrauen wenden	
esto tardará en cambiar	das wird lange dauern, bis sich das ändert	**tardar en hacer algo**

13 Sicología de la publicidad

la sicología (psicología)	Psychologie	sicológico
la **mercancía**	Ware	
agradar	gefallen	gustar
insistir	drängen; bestehen auf	
sino	sondern	
considerar bueno y barato	für gut und billig halten	
objetivamente **conveniente**	wirklich zweckmäßig	
la **receta**	Rezept	
el **motivo**	Motiv, Beweggrund	
adecuado	passend, geeignet	
vender a **cualquiera cualquier producto**	irgend jemand irgend etwas verkaufen	
por orden de importancia	in der Reihenfolge der Wichtigkeit	
mejor empleo	bessere Stellung (Anstellung)	
la popularidad	Beliebtheit	
la **admiración** de los demás	die Bewunderung der anderen	**admirar**
más **confort**	mehr Komfort	
posición y **éxito**	Stellung und Erfolg	
mejorar el aspecto personal	sein Aussehen verbessern	
el prestigio	Ansehen	
vivo	lebendig; clever	
«agresivo»	„dynamisch“	
cuya máxima preocupación es	dessen größte Sorge . . . ist	
el coche **deportivo**	Sportwagen	el **deporte**
el baile	Tanz, Tanzvergnügen	
bebés **en brazos de** sus mamás	Babys in den Armen ihrer Mütter	

14 Espectador de fútbol

el espectador	Zuschauer	
el reconocimiento médico	ärztliche Untersuchung	
un diagnóstico **parecido**	eine ähnliche Diagnose	
la resistencia física	körperliche Widerstandsfähigkeit	**resistir**
duro	hart	
el **asiento**	Sitz, Sitzplatz	
el **aficionado**	der Fan, begeisterter Anhänger	
estar **en pie**	stehen	
corazón: fabuloso	Herz: fabelhaft	
por infarto	durch Herzinfarkt	
la temporada	Spielzeit	
ante las **esperanzas**	angesichts der Hoffnungen	
soportar	ertragen	**aguantar**
la gimnasia	Gymnastik	
elevar los brazos al **cielo**	die Arme zum Himmel erheben	
meter/marcar un gol	ein Tor schießen	
la ira	Zorn	
injusto; la **injusticia**	ungerecht; Ungerechtigkeit	
el **equipo**	Mannschaft	
la garganta	Kehle	
¡ay!	Ausdruck von Schmerz, Enttäuschung	
confirmar un **hecho**	eine Tatsache bestätigen	
ocurrir	geschehen	
a la **vista** de todos	vor den Augen aller	
los **especialistas** médicos	Fachärzte	
el **certificado** de salud	Gesundheitszeugnis	
las dioptrías **varían**	die Sehschärfe wechselt	**variar: varía**
la jugada	Zug in einem Spiel; hier: Schuß	
en cuanto a	bezüglich	respecto a
un médico primerizo	unerfahrener Arzt	
el **partido**	Spiel	
llevar la pelota	den Ball führen	
pasar	den Ball abgeben	
es su deber	es ist seine Pflicht	
enviar el balón a las mallas	den Ball in die Maschen schicken	
la unión, el entendimiento	Zusammengehörigkeitsgefühl	
es algo enternecedor	ist etwas Rührendes	
la **envidia**	Neid	**envidiar**
hacia quien destaca	gegen den, der sich hervortut	

él permanece **inactivo**	er bleibt tatenlos
chillar	schreien, schimpfen
al contrario	im Gegenteil
forma parte de él	er ist selbst ein Teil des Spiels
corre, salta, cabecea	rennt, springt, köpft
el graderío	Tribüne
de aquí que	daher kommt es, daß
acudir al campo	zum Fußballplatz kommen
sentir el goce	Genuß empfinden
dionisíaco	dionysisch; göttlich
la monotonía cotidiana	tägliche Monotonie
el hogar	Heim, Zuhause
semi-. . .; semidiós	halb-. . .; Halbgott
por delegación	in Vertretung

unidad 4

15 Por México

increíble, pero cierto	unglaublich, aber wahr	
la torrencial **lluvia**	der wolkenbruchartige Regen	
es **corriente**	es ist normal; häufig	
los **barrios** residenciales	Wohnviertel	
son de **autoridad mundial**	besitzen Ansehen in der ganzen Welt	
actual; la actualidad	aktuell; Aktualität	
desigual; la desigualdad	ungleich; Ungleichheit	
acaso	vielleicht	**quizás**
en ninguna parte	nirgends	
espantoso	entsetzlich	
la distribución de fortunas	die Verteilung der Vermögen	
el cultivo de la tierra	die Bebauung des Landes	
la **población**	Bevölkerung	
sonar; resonar	klingen; widerhallen	**sonar -ue-**
poseer	besitzen	
sacrificar	opfern	
industria de transformación	verarbeitende Industrie	
satisfacer una **necesidad**	ein Bedürfnis befriedigen	
este monstruo de ciudad	dieses Monstrum von Stadt	
cuenta con ... **habitantes**	sie hat ... Einwohner	
citar	zitieren	
la **renta** anual	Jahreseinkommen	
posesiones de caña	Zuckerrohrbesitzungen	**poseer**
la proporción **continúa**	das Verhältnis besteht immer noch	**continuar**
hay fortunas incalculables	es gibt unschätzbare Vermögen	
los tiempos coloniales	Kolonialzeit	
un personaje singular	eine einzigartige Figur	
Pancho Villa	mexikanischer Revolutionär	
el **lugar** preferido	der bevorzugte Ort	
residencias secundarias	Zweitwohnsitze	
en plena Sierra Madre	mitten in der Sierra Madre	

incluye curiosidades	schließt Merkwürdigkeiten ein	
la degustación	Verzehr; Probieren	
la hormiga gigante	Riesenameise	
la iguana	Leguan	
la salsa de chile	Chilisauce	
al ajillo	mit Knoblauch in Öl gebraten	
el cazador	Jäger	
la cantina	Taverne	
una misionera **protestante**	protestantische Missionarin	
le dio seis hijos	sie schenkte ihm 6 Kinder	dar: **di, diste, dio**
recogieron a seis más	sie nahmen weitere sechs auf	
abandonar	verlassen; aufgeben	
suizo	schweizerisch	
enamorarse	sich verlieben	**estar enamorado**
el idilio fue para adelante	die Idylle entwickelte sich	
por medio de una **intérprete**	mit Hilfe einer Dolmetscherin	
se dispone a ir a Berna	er will nach Bern fahren	
echarle muchas narices	scharf rangehen	
se nos escapa	entfährt es uns	
sentenciar	sein Urteil abgeben	
el **reportaje**	Reportage	

16 Dos jóvenes mexicanos

conocí a Félix	ich lernte Felix kennen	
realizar	durchführen; machen	
estudios de post-grado	zusätzliche Studien	
a pesar de ser . . .	obwohl wir . . . waren	
compañeros de generación	gleichaltrig	
no **nos tratamos**	wir hatten keine Verbindung	
favorecer	fördern; begünstigen	
la **amistad**	Freundschaft	
alejar	(voneinander) entfernen	**lejos**
el **automóvil**	Auto	
fraternizar	persönlichen Umgang haben	
sentirse avergonzado	sich genieren	**avergonzarse**
sentirse incómodo	verlegen sein; sich nicht wohl fühlen	
con suerte	mit (einigem) Glück	
el salón Claro de **Luna**	Salon Mondlicht	**sol, luna, estrella**
el primo, la prima	Vetter, Cousine	

secundar	unterstützen, beipflichten
birlar	wegnehmen
derrumbar las barreras	die Schranken niederreißen
no **impresionar** a nadie	niemand imponieren
aceptar	annehmen, akzeptieren
estimar	der Meinung sein
por ello	deshalb
cultivar rencores	Groll, Ressentiments hegen
aliarse amistosamente	sich freundschaftlich verbünden
compartir **recuerdos**	Erinnerungen teilen
la cabeza de la hidra	der Kopf der Hydra

17 La conquista de México

se origina	nimmt ihren Ursprung	el **origen**
el extremo oriental	Westspitze	**oriental/occidental**
se embarca	schifft sich ein	el **barco**
una tripulación de élite	eine Elitebesatzung	
expediciones **anteriores**	vorhergehende Expeditionen	
Velázquez	Gouverneur von Cuba	
extremeño	aus Extremadura	
participar en la conquista	an der Eroberung teilnehmen	
procurarse	besorgen, beschaffen	**conseguir**
son obsequiados con mujeres	werden mit Frauen beschenkt	
la prisionera	Gefangene	
había sido vendida	war verkauft worden	
una **inteligencia** excepcional	außergewöhnliche Intelligenz	**la excepción**
el/la amante	Geliebter/Geliebte	
apasionado	leidenschaftlich	
es de capital importancia	ist von größter Wichtigkeit	
instruir en mitos y creencias	unterweisen in Mythen und der Glaubenswelt	
la potencia y **debilidad**	Stärke und Schwache	**fuerte/débil**
funda una ciudad	er gründet eine Stadt	
a partir de entonces	von da an	
actúa como mandatario	er handelt als Beauftragter	
rendir cuentas	Rechenschaft ablegen	
mientras; mientras tanto	inzwischen	
se produce un levantamiento	es kommt zu einer Erhebung	
la tropa quiere **regresar**	die Truppe will zurückkehren	
reprimir	niederdrücken	

los navíos son desmontados	die Schiffe werden demontiert	
quemar	verbrennen	
volver a **utilizar**	wiederverwenden	
deja una guarnición	er hinterläßt eine Garnison	
sembrar el pánico	Schrecken säen	
debido a	infolge	
el carácter fantástico	der phantastische Charakter	
divino	göttlich	
detestar a los aztecas	die Azteken verabscheuen	
aliarse (se alía)	sich verbünden	los aliados
refieren atemorizadas **descripciones**	sie berichten furchterfüllte Beschreibungen	**describir**
a propósito de	bezüglich	
el emperador	Kaiser	
los adivinos	Wahrsager	
oponer **resistencia**	Widerstand entgegensetzen	**resistir**
jugarse el todo por el todo	alles auf eine Karte setzen	
emprenden la travesía	sie unternehmen die Überquerung	
la calzada	Straße	
el dique sur	südlicher Deich	
anchura	Breite	**ancho**
a través de	über; durch . . . hindurch	
desemboca en la **capital**	mündet in die Hauptstadt	
estar deslumbrado	geblendet sein	
experimenta una angustia	er erlebt eine Angst	
procede de la **impresión** de . . .	sie kommt aus dem Eindruck, . . .	
sumergido en una marea	untergetaucht in einer Flut	
en torno a la laguna	rund um die Lagune	**alrededor de**
el pretexto	Vorwand	
se hace con	bringt in seine Gewalt	
el rehén	Geisel	
a la vez	gleichzeitig	**al mismo tiempo**
se las ingenia	er bringt es geschickt fertig	
a su paso alarga la mano	nebenbei streckt er die Hand aus	
el tesoro	Schatz	
en estas **circunstancias**	in dieser Situation, unter diesen Umständen	
al mando de una columna	an der Spitze einer Truppe	
hacer entrar en razón	zur Vernunft bringen	
el desacuerdo	Uneinigkeit	
correr un grave peligro	schwere Gefahr laufen	
a las órdenes de	unter dem Befehl von	

tras un breve combate	nach kurzem Kampf	
enrolar	für seine Truppe anwerben	
nada despreciable	nicht zu verachten	
los refuerzos	Verstärkung	
el **enemigo**	Feind	
mientras, la situación ha degenerado	inzwischen hat sich die Situation verschlechtert	
aislado	isoliert	
son presa de pánico	sind ein Opfer des Schreckens	
con motivo de la fiesta	anläßlich des Festes	
el toxcatl	aztekisches Fest im Mai, bei dem jeweils ein junger Gefangener geopfert wurde	
asesinar a traición	heimtückisch ermorden	
la nobleza	Adel	
un espantoso masacre	ein entsetzliches Massaker	
con **arma** blanca	mit der blanken Waffe	
insostenible	unhaltbar	
la **actitud** amenazadora	drohende Haltung	
evitar el enfrentamiento	die Konfrontation verhindern	
contradictorio	widersprüchlich	
escapar, escaparse	entkommen	
forzar el paso	den Durchzug erzwingen	
rehabilitar	wieder herstellen	
a la zaga de Cortés	hinter Cortés her	
reorganiza sus **fuerzas**	er reorganisiert seine Kräfte	
detiene al **ejército** azteca	hält das aztekische Heer auf	
con dureza	mit Härte	
establece un cerco	er errichtet einen Belagerungsgürtel	
no obstante	jedoch	**sin embargo**
los defensores	Verteidiger	**defenderse**
resistencia encarnizada	erbitterter Widerstand	
provocar la **destrucción**	zur Zerstörung führen	
maravilloso	wunderbar	
los jefes **militares**	die militärischen Anführer	
son capturados y ejecutados	werden gefangen und exekutiert	

18 El muralismo mexicano

el movimiento **artístico**	Kunstbewegung	
el muralismo mexicano	mexikanische Wandmalerei	
la **tarea**	Aufgabe	
un compromiso nacional	ein nationales Engagement; eine nationale Verpflichtung	
popular	hier: auf das Volk hin	
en lenguaje plástico	in bildnerischer Sprache	
significar	bedeuten	
el arte precolombino	die Kunst vor der Eroberung (vor Kolumbus)	

19 La maldición de Malinche

la maldición	Fluch	
emplumados	mit Federn geschmückt	
hombres barbados	bärtige Männer	la barba
la profecía	Prophezeiung	
por temor a lo ignorado	aus Furcht vor dem Unbekannten	el **miedo**
montados en bestias	auf Tieren reitend	
como demonios del mal	wie Teufel des Bösen	
el **fuego**	Feuer	
cubiertos de metal	mit Metall bedeckt	**cubrir: cubierto**
el **valor** de **unos cuantos**	der Mut einiger weniger	
la **vergüenza**	Scham; Schande	
no gozan con lo **robado**	freuen sich nicht an Gestohlenem	
nos dimos cuenta	wir merkten es	dar: di, diste, dio
entregar	übergeben	
se nos quedó el maleficio	es blieb uns das Unheil	
brindar nuestra fe	unseren Glauben anbieten	
por cuentas de vidrio	für Glasperlen	
en pleno siglo veinte	mitten im 20. Jahrhundert	
humillar	demütigen	
extraño en su tierra	fremd im eigenen Land	
hipócrita	Heuchler	
te vuelves soberbio	du wirst hochmütig	
el presente	Gegenwart	

unidad 5

20 Un chico de la clase media

la **clase media**	Mittelschicht	
el **Derecho**	Recht; Rechtswissenschaft	
por lo menos	mindestens	
hasta que tenga ...	bis ich habe/bekomme	
vamos	(schränkt die vorherige Aussage etwas ein)	
hubo tres	es gab drei (Fälle)	**hay, había, hubo**
se fueron de casa	sie gingen von zu Haus weg	
se drogaban	sie nahmen Drogen	
al final acabaron yéndose	schließlich gingen sie weg	
blando	weich	duro/blando
conseguir	bekommen	
la Moncloa	Viertel in Madrid (Sitz des Regierungschefs, Nähe Uni)	
de vez en cuando	ab und zu	
ganar algo	etwas verdienen	
me las arreglo	ich richte es mir ein	
una vez a la semana	einmal in der Woche	
o sea que	das heißt also ...	
una **cantidad fija**	ein fester Betrag	
en ese sentido	in dieser Hinsicht	
se están **liberando**	sie werden freier	
en serio	ernst, ernsthaft	
... y eso	... und so	
¿qué llamas tú ...?	was nennst du ...?	
no **se trata de** un «ligue»	es handelt sich nicht um eine vorübergehende Beziehung	
es decir	(das heißt) also	
no tener **ni cinco**	keinen Pfennig haben	
aburrirse	sich langweilen	
deja mucho que desear	läßt viel zu wünschen übrig	
en cambio	dagegen	

la **juventud**	Jugend	joven, los jóvenes
están **mejorando**	sie werden besser	
a medianoche	um Mitternacht	**a mediodía**
el equipo de baloncesto	Korbballmannschaft	
de momento	zur Zeit	
nadar	schwimmen	
el **futuro profesional**	berufliche Zukunft	
el **abogado**	Rechtsanwalt	
hacer oposiciones	Bewerbungsprüfungen ablegen	**la oposición**
no sirve para nada	das hilft gar nichts	
hicieron su **especialización**	machten ihre Spezialausbildung (zum Facharzt)	
. . . **y todo**	sogar	
sin **cobrar**	ohne Geld zu bekommen (kassieren)	
lleva tres años sin . . .	findet schon seit 3 Jahren nichts	
la gente mayor	die älteren Leute	
dice que si tal y que si cual	sagen dies und jenes	
determinados valores morales	bestimmte moralische Werte	
lo que pasa es que . . .	es ist einfach so, daß . . .	

21 Juventud y droga

el **consumo**	Konsum, Verbrauch	el **consumidor**
consumidores habituales	gewohnheitsmäßige Konsumenten	
realizar una encuesta	eine Umfrage durchführen	
la Dirección General de . . .	Abteilung eines Ministeriums	
promoción sociocultural	soziokulturelle Förderung; Entwicklung	
declarar	aussagen, erklären	

22 Carta de un hijo a todos los padres del mundo

no me des todo	gib mir nicht alles	**dar**
lo que te **pida**	worum ich dich (möglicherweise) bitte	**pedir: pido**
no me grites	schrei mich nicht an	**gritar**
respetar	achten	el respeto
cambiar de opinión	seine Meinung ändern	
mantener una decisión	eine Entscheidung aufrechterhalten	

(tan) a menudo	(so) oft	**tantas veces**
déjame valerme por mí mismo	laß mich mir selbst helfen	
estar equivocado	im Irrtum sein	**equivocarse**
admítelo	gib es zu	**admitir**
la **amabilidad** y **cordialidad**	Freundlichkeit und Herzlichkeit	
aunque no lo digas	selbst wenn du es (vielleicht) nicht sagst	
contar	erzählen	**contar -ue-**
la **tontería**	Dummheit	
trata de ayudarme	versuch mir zu helfen	
aunque tú no creas necesario	selbst wenn du es nicht für notwendig hältst	

23 Oficio de ligar

el oficio	Beruf; Handwerk	
ligar	einen Annäherungsversuch machen, „anbändeln“	
responder	antworten; hier: entsprechen	
flirtear	flirten	
cortejar	den Hof machen	
tontear	herumalbern	
el noviazgo	Beziehung von „novios“	
la fórmula verbal	Ausdruck	
se viene **utilizando**	wird seit einiger Zeit gebraucht	
definir	bezeichnen	
se impone	setzt sich durch	
efectivamente	tatsächlich	
de paso	nebenbei; hier: vorübergehend anwesend	
provisional	provisorisch; unverbindlich	
tratarse	miteinander umgehen	
relaciones sentimentales	Gefühlsbeziehungen	
hipócrita	heuchlerisch; unaufrichtig	
la **tradición; tradicional**	Tradition; traditionell	
se ha convertido en ...	ist zu ... geworden	
una especie de furor	eine Art Leidenschaft	
mientras siga siendo objeto	solange sie weiterhin ein Objekt ist	
adelantar	vorankommen, Fortschritte machen	
pasivo	passiv	**activo**

medio **tonta**	halb dumm	
el ligón: uno que liga mucho	einer, der gern Annäherungsversuche macht, „Schürzenjäger“	
aún no ha **descubierto**	er hat noch nicht entdeckt	**descubrir**
nos **recordaba**	er erinnerte uns daran	
el **amor**	Liebe	
dar un primer **paso**	einen ersten Schritt tun	
hacia	in Richtung auf	
dado que está el primer paso	da nun der erste Schritt getan ist	
ir a mejor	sich zum Besseren entwickeln	
la experiencia enseña	die Erfahrung lehrt	
en vista de eso	angesichts dieser Tatsache	
suspender	aufheben, einstellen	
la guerra de los **sexos**	Krieg der Geschlechter	
la confraternidad	Verbrüderung	

unidad 6

24 Machu Picchu

la **nube**	Wolke	
científico	wissenschaftlich	la **ciencia**
por **vía** férrea	per Eisenbahn	**por vía aérea**
la finalidad	Zweck	
la virgen	Jungfrau	
ya sea . . . o . . .	sei es . . . oder . . .	
por razones de seguridad	aus Sicherheitsgründen	
la exigencia	Forderung; Erfordernis	**exigir**
construir	bauen	**construyo, construye**
la ladera	Berghang	
el templo	Tempel	
el **terreno**	Gelände	
la **terraza**	Terrasse	
unos con otros	einander	
la **escalera**	Treppe	
el **estado** de conservación	Erhaltungszustand	
la papa	(lateinam.) Kartoffel	la **patata**
compensar el esfuerzo	die Anstrengung belohnen	
proveer con	ausstatten	
tierra fértil	fruchtbare Erde	
traer **de otra parte**	von woanders herbringen	

25 Textiles andinos prehispánicos

textiles prehispánicos	Textilien aus der Zeit vor der Eroberung durch die Spanier
la arqueología	Archäologie
elaborar; elaboración	ausarbeiten; Ausarbeitung
el tejido	Gewebe
primitivo	sehr früh, sehr alt
gracias a ellos sabemos . . .	dank ihrer wissen wir . . .

iniciarse	beginnen	**comenzar -ie-**
la cuerda	Strick, Schnur	
una **expresión** de poder	Ausdruck der Macht	
inventar	erfinden	
usar telas	Stoffe verwenden	
vestirse, adornarse	sich kleiden, sich schmücken	
suavizar	weicher machen	
el **regalo**	Geschenk	**regalar**
premiar	belohnen	
valeroso	tapfer	
el cementerio	Friedhof	
cadáveres momificados	mumifizierte Leichen	
diversas **calidades**	verschiedene Qualitäten	
el **tamaño**	Größe	
dispuestos en grupos	in Gruppen angeordnet	
jerarquizado	nach Rangordnung eingeteilt	
la **cantidad**	Menge, Zahl	
los envoltorios	Hüllen	**envolver; envuelto**
mientras que	während (Gegensatz)	
notable	beachtenswert, hochgestellt	
el manto; la **manta**	großes Tuch; Schlafdecke	
sumamente fino	äußerst fein	
demostrar la **existencia**	das Vorhandensein beweisen	**existir**
fases de **producción**	Produktionsphasen	
hilandero; tejedor	Spinner; Weber	hilar, tejer
tintorero; bordador	Färber; Sticker	
continúa esta **tradición**	diese Tradition besteht fort	

26 La boda

la **boda**	Hochzeit	
el pasaje autobiográfico	autobiographische Passage	
relatar	berichten	**contar -ue-**
menor/mayor de edad	minderjährig/volljährig	
el tío, la tía	Onkel, Tante	
mayor que él	älter als er	
el alcalde	Bürgermeister	
estar dispuesto a	bereit sein zu	
el impedimento legal	gesetzliches Hindernis	
con parsimonia	bedächtig	
estipular condiciones	Bedingungen festsetzen	

el sol	hier: peruanische Währung	
la partida de nacimiento	Geburtsurkunde	
de manera que	so daß	
convencer	überzeugen	
convéncete	glaub es mir	
ni siquiera	nicht einmal	
luminoso	leuchtend	
el **sentido común**	gesunder Menschenverstand	
en un instante	in einem Augenblick	el **momento**
ya está	fertig, schon erledigt	
entre el alcalde y Javier	der Bürgermeister und Javier zusammen	
qué más da	was liegt schon dran	
la tinta; el tintero	Tinte; Tintenfaß	
una reverencia fúnebre	eine todernste Verbeugung	
importa el contenido	der Inhalt ist wichtig	
a eso de las ocho	so etwa um acht Uhr	
la **Municipalidad**	Rathaus; Stadtverwaltung	el **ayuntamiento**
redactar el acta	die Akte schreiben	las actas
el librote	dickes Buch	
el **suelo**	Boden	
recientemente	kürzlich, kurz vorher	
se elevaba un vaho	es erhob sich ein Dunst	
la vela	Kerze	
el resplandor	Licht; Glanz	
paredes encaladas	gekalkte Wände	
la bandera	Fahne	
sujeta con tachuelas	mit Reißzwecken befestigt	
el **cuadro,** cuadrito	Bild, Bildchen	
la **cara**	Gesicht	
un hombre cincuentón	ein guter Fünfziger	
inexpresivo	ausdruckslos	
el lapicero de pluma	Federhalter	el lápiz
el cuello	Hals	
calcular	rechnen, berechnen	
le había tomado una hora	es hatte ihn wohl eine Stunde gekostet	
moverse	sich bewegen	
el testigo	Zeuge	
el chófer	Chauffeur	
el zambo	Mischling aus Neger und Indio	
delgado	schlank	

el **diente**	Zahn	
mudo	stumm	
indicar	hinweisen, zeigen	
firmar	unterschreiben	la firma
con pesadumbre	gramvoll	
como arrepintiéndose	als ob er es bereute	arrepentirse
brindar	anstoßen mit, trinken auf	
apadrinar	Pate sein	
echar una mirada compasiva	einen mitleidsvollen Blick zuwerfen	
añadir	hinzufügen	
cruzarse de brazos	die Arme verschränken	**cruzar** la calle
echarse a dormir	anfangen zu schlafen	
disponerse a hacer algo	sich anschicken, etw. zu tun	poner: puse, puso
atajar	den Weg abschneiden	
el brindis	Anstoßen; Trinkspruch	
resistir	widerstehen, aushalten	
susurrar	flüstern	
demorar	(Zeit) brauchen	**tardar**
una vez que firmaron	nachdem sie unterschrieben hatten	
hacer firmar	unterschreiben lassen (auffordern)	
el código	Gesetzbuch	
correspondiente	entsprechend	
las **obligaciones** conyugales	eheliche Verpflichtungen	
alcanzar	überreichen	**entregar**
el certificado	Bescheinigung	
besarse	sich küssen	el **beso**
abrazar	umarmen	
corcho; descorchar	Kork; entkorken	
a mordiscos	beißend; mit den Zähnen	
no había(n) vasos	es gab keine Gläser	hay, había, hubo
el pico	Schnabel	
el trago	Schluck	
la **vuelta**	Rückkehr	**ida/vuelta**
sosegado	ruhig	
catastrófico	katastrophal	la catástrofe
silbar	pfeifen	
la **marcha** nupcial	Hochzeitsmarsch	
el «escribidor»	der Schreiber	el escritor

27 La conquista del imperio inca

el **mapa** etnológico	völkerkundliche Karte	
a mediados del siglo	um die Mitte des Jahrhunderts	a principios de
reinos o señoríos	Königtümer oder Herrschaften	
el **Estado**	Staat	
el advenimiento	etwa: Thronbesteigung	
el creador	Schöpfer	
poderoso	mächtig	el poder
la ambición	Ehrgeiz	
suceder	passieren; der Fall sein	
Huanca, Lupaca, Canar	Territorien bzw. Völker	
el área	Gebiet	las áreas
rendirse	sich ergeben	
voluntario; involuntario	freiwillig; unfreiwillig	
el afecto	Zuneigung	simpatía, cariño
dar frutos	Früchte tragen	
el bollo de maíz	Maisbrötchen	
empapar en sangre	in Blut tränken	
las llamas sacrificadas	die geopferten Lamas	
en **señal** de	zum Zeichen von	
la eterna confederación	ewiges Bündnis	
estaba integrado por	war gebildet aus	
el adversario	Gegner	
aprovecharse de	ausnützen	
hacer sucumbir	zu Fall bringen	
aparentemente poderoso	anscheinend/scheinbar mächtig	
similar	ähnlich	**parecido**
ocurrir	passieren	
hábil	geschickt	
tomar parte activa	aktiv teilnehmen	
el **odio**	Haß	**odiar**
la **lucha** intestina	innerer Kampf	**luchar**
el **rey**	König	la **reina**
lograr la **libertad**	die Freiheit erlangen	**conseguir**
cambiar de amo	den Herrn wechseln	
una sociedad clasista	Klassengesellschaft	
la casta	Kaste	
el sucesor	Nachfolger	
regir (rige)	regieren	
vencer	siegen, besiegen	
auténtico	wirklich, wahr, echt	

tardío	spät	
un gran sector de los anan y urincuzco	große Teile der Stämme Anan und Urincuzco	
las **causas** de la caída	die Gründe für den Fall	
la supuesta inferioridad	die angebliche Unterlegenheit	
racial	rassisch	
la antigüedad	Altertum	
imponer	auferlegen; durchsetzen	
los vasallos	Vasallen	
el libertador	Befreier	

28 Iquitos, ciudad en la región amazónica

es de vital importancia	ist von lebenswichtiger Bedeutung	
los planes de desarrollo	Entwicklungspläne	
una equilibrada mezcla	eine ausgewogene Mischung	
exuberancia tropical	tropische Üppigkeit	
la selva	Urwald	
apreciar	hier: sehen; schätzen	
desde el mismo centro	direkt vom Zentrum aus	
tener la sensación de ...	das Gefühl haben, zu ...	
una sauna vaporosa	eine dampfende Sauna	
la temperatura habitual	die übliche Temperatur	
al frente de la ciudad	an einer Seite der Stadt	
caudaloso	wasserreich	
una agitada vida comercial	ein lebhaftes Geschäftsleben	
incontables letreros	unzählige Schilder	
la bodega	(in Perú:) Lebensmittelgeschäft (in Spanien:) Weinkellerei	
repleto de	(über)voll von	
telas importadas	importierte Stoffe	
a primera vista	auf den ersten Blick	
circular	verkehren, fahren	
los escasos automóviles	die spärlichen Autos	
una especie de	eine Art von	
hacer la competencia	Konkurrenz machen	
con ventaja	mit Erfolg (wörtlich: mit Vorteil)	
un toldo de plástico	Sonnendach aus Plastik	
protege del sol	schützt vor der Sonne	proteger
el sol	Währung von Perú	
asombrarse de los precios	sich über die Preise wundern	

valer	kosten
vivir	leben; erleben
una suerte de inflación interna	eine Art Inflation innerhalb des Landes
a manera de explicación	zur Erklärung
según él	nach seiner Meinung
la falta de infraestructura	das Fehlen einer Infrastruktur
vías de comunicación	Verkehrswege
los apagones son frecuentes	Stromausfälle sind häufig
obligar	zwingen
la mayoría de las industrias	die meisten Gewerbebetriebe
no faltan los maliciosos	es gibt auch böse Zungen
echar en cara	vorwerfen
el alto costo de la vida	die hohen Lebenshaltungskosten
gente metida en el narcotráfico	Leute, die im Drogenhandel stecken
generoso	großzügig
inaccesible	unerreichbar, unerschwinglich
un paseo en lancha	Spazierfahrt mit dem Motorboot
el «pequepeque»	Flußboot
200 personas apiñadas	200 dichtgedrängte Personen
la travesía	Fahrt, Überfahrt
las auténticas tribus	die echten Indiostämme
selva adentro	im Innern des Urwalds
cosa que	. . ., was . . .
navegar	mit dem Schiff fahren

unidad 7

29 Un parado

un parado	ein Arbeitsloser
el **ingeniero** de minas	Bergbauingenieur
desarrollar(se)	(sich) entwickeln
la carrera	Studium; Ausbildung
el carbón	Kohle
mantenimiento de maquinaria	Maschinenwartung
la **empresa**	Unternehmen, Firma
adquirir **experiencia**	Erfahrung sammeln
la fabricación y **venta**	Herstellung und Verkauf
la **sociedad**	Gesellschaft; Firma
a partir de 1973	ab 1973
la **crisis** del **petróleo**	Ölkrise
empeorar	schlechter gehen/werden
el gerente	Geschäftsführer
dos millones anuales, brutos	zwei Millionen im Jahr brutto
la **ley** fiscal	Steuergesetz
los **impuestos**	Steuern
resolver la situación	die Situation lösen
el **derecho a** una indemnización	das Recht auf eine Entschädigung/ Abfindung
cobrar el desempleo	Arbeitslosengeld bekommen
darse de alta/de baja	sich anmelden/abmelden
el **seguro**	Versicherung
entre tanto	unterdessen
se aprobó **encima** el ...	noch dazu wurde ... verabschiedet
el Estatuto del Trabajador	Art Arbeitsgesetzgebung
según el cual ...	nach welcher ...
el contrato temporal	Zeitvertrag
al cabo de este tiempo	nach Ablauf dieser Zeit
echar	hinauswerfen, entlassen
en la vida entras fijo	nie im Leben bekommt man eine feste Stelle

de golpe	auf einmal, auf einen Schlag	
sacar del bolsillo	aus der Tasche ziehen	
vamos	(Ausdruck von Unwillen, Ratlosigkeit)	
el **mercado** negro	schwarzer Markt	
se les **emplea**	man gibt ihnen Arbeit	
el tiempo que se quiera	solange man will	
la picaresca	Gaunerei	
la «chapuza»	kleine Gelegenheitsarbeit	
absurdo	absurd	
rechazar una **oportunidad**	eine Gelegenheit ablehnen	
aprovecharse del paro	die Arbeitslosenversicherung ausnützen	
reducir	herabsetzen, verringern	
tú me dirás qué **negocio**	(ironisch:) sag selbst, was das für ein Geschäft ist . . .	

30 El paro en España

la población activa	die arbeitende (bzw. arbeitsfähige) Bevölkerung	
el **porcentaje** de parados	Prozentsatz an Arbeitslosen	el 12 por ciento

31 Españoles por Europa

la barra	Stange	
la maleta; el maletón	Koffer; Riesenkoffer	**-ón**
inquietantes proporciones	beunruhigende Ausmaße	
la **lista** de precios	Speisekarte	
el españolito	kleiner Spanier	**-ito**
el **gracioso** pelo ondulado	das drollige, gewellte Haar	
atrae a las anglosajonas	zieht die Angelsächsinnen an	
pegado a las cejas	wie angeklebt an die Brauen (tief heruntergewachsen)	
unos descoloridos tejanos	ausgewaschene Jeans	
sonreír	lächeln	sonríe; ríe
el grave caballero holandés	der ernste holländische Herr	
resumir	zusammenfassen	
mejor que en ningún lado	besser als irgendwo sonst	
como quien dice	sozusagen	
las gachís: las chicas	Mädchen	

ni hablar	keine Spur (daß es so etwas noch einmal geben könnte)	
allá	dort; dorthin	**allí/allá – aquí/acá**
la sopa de migas	Art Brotsuppe	
el chato	Glas Wein	
coincidir	zusammentreffen; übereinstimmen (zeitlich, in der Meinung, usw.)	
la feria	Volksfest; Messe	
correrla en grande	richtig bummeln gehen	
patearse los cuartos	das Geld richtig auf den Kopf hauen	
el **centímetro**	Zentimeter	el kilómetro
a la espalda	auf dem Rücken	
en busca de	auf der Suche nach	
el contacto espiritual	der geistige Kontakt	
la **atenta** lectura	die aufmerksame Lektüre	
los **resultados**	Ergebnisse	
el campeonato nacional	Landesmeisterschaft	
declararse en huelga	in Streik treten	
inesperadamente	unerwartet	
protestar contra	protestieren gegen	
la abominable cocina	die abscheuliche Küche	
en porte triunfal	mit Siegerhaltung	
la tribu	der (eigene) Stamm	
referir proezas	Heldentaten verkünden	
el paisano	Landsmann	
conscientes de su condición	ihrer Situation bewußt	
un reloj chapado de oro	eine vergoldete Uhr	
las señas de **identidad**	Persönlichkeitsmerkmale	
el documento de identidad	Personalausweis	

unidad 8

32 El papel de la Iglesia en América Latina

el papel	die Rolle	
adquirir importancia	Bedeutung erlangen	
aparte de que	abgesehen davon, daß . . .	
al finalizar este siglo	wenn dieses Jahrhundert zu Ende geht	
más de la mitad	mehr als die Hälfte	
el Concilio Vaticano II	das 2. Vatikanische Konzil	
la fisonomía	Gesicht; Physiognomie	
la característica progresista	fortschrittliches Merkmal	
celebrar una **conferencia**	eine Konferenz abhalten	
el episcopado	die Bischöfe; das Episkopat	
quedar concretizado	konkretisiert werden	
declararse solidario	sich solidarisch erklären	
una **actitud** comprometida	eine engagierte Haltung	
ayudar a que nazca . . .	helfen, damit . . . geboren wird	**nacer: nazco – nazca**
dar testimonio	Zeugnis geben von	
la postura comprometida	engagierte Haltung	
obispos, sacerdotes, monjas	Bischöfe, Priester, Nonnen	
fueron encarcelados	wurden eingesperrt	la **cárcel**
torturar, expulsar, asesinar	foltern, ausweisen, ermorden	

33 Puebla

se **expresa** la visión de la Iglesia	es wird die Sicht der Kirche ausgedrückt	
acerca de la situación	hinsichtlich der Lage	
enunciar	nennen	**mencionar**
innato	angeboren	
acoger	aufnehmen	
compartir	(mit anderen) teilen	
la **desgracia**	Unglück	

valorar los vínculos de la amistad	die Bande der Freundschaft schätzen	
la **conciencia** de su dignidad	das Bewußtsein der eigenen Würde	
conculcar un derecho	ein Recht verletzen, mit Füßen treten	
los valores autóctonos	die Werte, die aus dem eigenen Land stammen	
capacitarse	sich ausbilden	
superarse	viel leisten	
obtener sus reivindicaciones	seine Forderungen durchsetzen	
experimentar un avance	einen Fortschritt erfahren	el **progreso**
desarraigar la **extrema** pobreza	die extreme Armut ausrotten	
mejorar la calidad de vida	die Lebensqualität verbessern	
percibir	wahrnehmen; sehen; hören	
el clamor	Klageruf	
la angustia	Angst; Bedrängnis	
las aspiraciones	Wunsch; Streben	
la **voz**	Stimme	
quien es silenciado	der, der verschwiegen/übergangen wird	
adquiere rostros concretos	nimmt konkrete Gesichter an	
golpeado por la pobreza	von der Armut geschlagen	
niños vagos	streunende Kinder	
explotar	ausnützen, ausbeuten	
la desorganización familiar	die Desorganisation der Familie	
zonas rurales y urbanas	Gebiete auf dem Land und in den Städten	
marginal	marginal, Rand-,	
por falta de	mangels	
oportunidades de capacitación	Ausbildungsmöglichkeiten	la **formación**
con frecuencia	häufig	**frecuente**
marginado	an den Rand der Gesellschaft gedrängt	
inhumano	unmenschlich	**in-**
relegado	ins Abseits gedrängt	
privado de la tierra	des Bodens beraubt	
interno y externo	innere und äußere ...	
someter	unterwerfen	
sistemas de comercialización	Vermarktungssysteme	
mal retribuido	schlecht bezahlt	
subempleado	unterbeschäftigt	

anciano	alter Mensch	
la sociedad del **progreso**	Fortschrittsgesellschaft	
prescindir de	verzichten auf; hier: sich nicht kümmern um	
la permanente violación	die ständige Verletzung	
la dignidad	Würde	

34 Extraña neutralidad

extraño	merkwürdig, seltsam	
la incomprensión	Unverständnis	**in-**
estimar	der Meinung sein	**considerar**
ligado al mundo rico	an die reiche Welt gebunden	
neutral - parcial	neutral - parteiisch	
la parroquia	Pfarrei	

35 Asalto a una iglesia

el asalto	Angriff; Überfall	
el párroco	Pfarrer	
a espaldas del coronel	hinter dem Rücken des Obersten	
renunciar a su deber	auf seine Pflicht verzichten	
decir su misa ordinaria	seine normale Messe lesen	decir: diciendo
la manifestación	Demonstration	
perseguir	verfolgen	
refugiarse	sich flüchten	
fue interrumpida	wurde unterbrochen	interrumpir
agentes uniformados	uniformierte Beamte	
irrumpieron en el recinto	brachen in den Bereich (der Kirche) ein	
armados de fusiles	mit Gewehren bewaffnet	
la ametralladora	Maschinengewehr	
impregnarse de	sich füllen mit	
gases lacrimógenos	Tränengas(e)	
impidieron la salida	verhinderten das Hinausgehen	**impedir: impiden**
asfixiarse **en el interior**	drinnen keine Luft bekommen	
una bomba estalló	eine Bombe explodierte	
los fragmentos	Splitter	
incrustarse	eindringen; stecken bleiben	
la **pierna**	Bein	
la sotana en llamas	brennende Soutane	

arrastrarse	sich schleppen	
mojaron sus **pañuelos**	sie befeuchteten ihre Tücher	
el agua bendita	Weihwasser	
la iglesia fue evacuada	die Kirche wurde geräumt	
oportunamente	zu gegebener Zeit; entsprechend	
herirse; los heridos	sich verletzen; die Verwundeten	
el arzobispo	Erzbischof	
sitiar	belagern	
acribillar	mit Kugeln durchlöchern	
las piernas inutilizadas	Beine, mit denen er nicht mehr gehen konnte	**in-; -izar**
el despacho parroquial	Pfarrbüro	
un médico **logró** penetrar	einem Arzt gelang es, durchzukommen	
al atardecer	am späten Nachmittag	
prestar los primeros auxilios	erste Hilfe leisten	
hacer descargas	schießen	hacer: hice, hizo
un tiro de fusil	ein Gewehrschuß	
una ráfaga de ametralladora	eine Maschinengewehrsalve	
la bala	Kugel	
atravesó el despacho	durchquerte das Büro	
la pared del **fondo**	die Rückwand	
el asedio	Belagerung	
durar	dauern	
la madrugada	früher Morgen	
el régimen	das politische Regime	
había sido derrocado	war gestürzt worden	había caído
ejercer el periodismo	als Journalist tätig sein	

36 Salmo 21

(Ernesto Cardenal folgt in vielen Formulierungen dem spanischen Text des Psalms. Die Übersetzungen hier entsprechen eher der modernen Alltagssprache.)

el desprecio	Verachtung
se burlan de mí	sie machen sich über mich lustig
rodear	umgeben
los tanques blindados	Panzer
estoy apuntado por . . .	. . . zielen auf mich
estoy cercado de alambradas	ich bin von Stacheldraht umringt
me pasan lista	sie rufen mich nach der Liste auf, um zu kontrollieren

tatuar	eintätowieren	
la radiografía	Röntgenaufnahme	
se repartieron mis ropas	sie teilten meine Kleider	
grito pidiendo morfina	ich schreie nach Morphium	
la camisa de fuerza	Zwangsjacke	
el asilo de enfermos mentales	Heim für Geisteskranke	
incurable	unheilbar	**in-; -able**
el ala	Flügel (Vogel; Gebäude)	
contagioso	ansteckend	
agonizar	im Todeskampf liegen	
el sudor	Schweiß	
ahogarse	ersticken	
la cámara de oxígeno	Sauerstoffkammer	
el patio	Hof	
el presidio	Zuchthaus	
la cámara de torturas	Folterkammer	
el orfelinato	Waisenhaus	
contaminado de radioactividad	radioaktiv verseucht	**la contaminación**
nadie **se me acerca**	niemand nähert sich mir	
te ensalzaré	ich werde dich rühmen	
la reunión	Versammlung	
el himno	Hymne	

unidad 9

37 Soy catalana

llevar 5 años en Alemania	schon 5 Jahre in Deutschland leben	
el estudiante, la estudiante	Student, Studentin	
la **actualidad**	die aktuelle Situation	
seguir de cerca	genau verfolgen	**cerca/lejos**
la **prensa**	Presse	
enterarse	sich informieren	
las autonomías	die Autonomiebewegung	
la **necesidad**	Notwendigkeit	**necesario**
independizarse	sich unabhängig machen	
atreverse a	wagen, sich getrauen	
independiente de	unabhängig von	
tener la impresión de que	den Eindruck haben, daß	
quejarse	sich beklagen; beschweren	
retirar concesiones	Zugeständnisse wieder zurückziehen	
al principio	am Anfang	
a un nivel **formal**	formal gesehen	
se ha avanzado	man ist weitergekommen	
administrar las finanzas	die Finanzen verwalten	
con **conciencia**	bewußt	
estar orgulloso de	stolz sein auf	
no . . ., **sino que** se aprende	. . ., sondern man lernt es	
causar	verursachen	
tengo entendido que	(soviel) ich weiß	
con más rapidez	schneller	**más rápido**
votar; la **votación**	abstimmen; Abstimmung	
la **nacionalidad**	Staatsangehörigkeit	
oficial	offiziell, amtlich	

38 Hablar catalán

la **voluntad**	Wille	
establecer la cooficialidad de dos idiomas	beide Sprachen gleichberechtigt nebeneinander stellen	
razones de justicia	Gründe der Gerechtigkeit	
aconsejar	raten, anraten	
tener por	halten für	
la monarquía	Monarchie	
hacerse rey de España	sich zum König Spaniens machen	
reducir los reinos	die Königreiche unterwerfen	
componerse de	sich zusammensetzen aus	
comenzar	beginnen	**comenzar -ie-**
la marginación legal	die gesetzliche Zurücksetzung	
eliminar	ausschalten	
el maestro	Lehrer	
castigar	bestrafen	
el Magisterio oficial	das öffentliche Lehramt	
alcanzar esplendor	Glanz erreichen	
dudar	bezweifeln	
los **barrios** periféricos	die Außenviertel	
castellanohablante	spanischsprechend	
la concordia	gutes Einvernehmen	
nativos e inmigrantes	Einheimische und Zugewanderte	
desde que	seitdem	
tolerante; tolerancia	tolerant; Toleranz	**intolerante**
estudios **laborales**	Studien zur Arbeit(swelt)	
un catalán más	ein Katalane wie jeder andere	
la **cuestión**	Frage; Sache	
la **falta** de profesorado	das Fehlen von Lehrern	
un tanto por ciento	ein Prozentsatz	
elevado	hoch	
ignorar	nicht kennen; nicht wissen	
la **formación** necesaria	die notwendige Ausbildung	
cumplir las **funciones**	die Aufgaben erfüllen	

39 Dalí visto por Dalí

lograr	erreichen	**conseguir**
la **fecha**	Datum	
la **revolución**	Revolution	

se quemó la partida de nacimiento	die Geburtsurkunde verbrannte	**quemarse**
fallecido	gestorben	
la niñez	Kindheit	
el terror	Entsetzen	
atraer la **atención**	die Aufmerksamkeit auf sich lenken	
quería **ser cocinero**	ich wollte Koch werden	
la ambición	Ehrgeiz	
el monje	Mönch	
la **rosa**	Rose	
un **loco idealista**	ein idealistischer Verrückter (oder verrückter Idealist)	
la **locura**	Verrücktheit, Wahnsinn	
el **sentido comercial**	der Sinn fürs Geschäftliche	
el **cuadro**	Bild	
vanidoso/modesto	eitel/bescheiden	
llamar la **atención**	Aufmerksamkeit erregen	
una hora **entera**	eine ganze Stunde lang	
la **única** diferencia	der einzige Unterschied	
el pintor	Maler	
el **comunista; comunista**	Kommunist; kommunistisch	el **comunismo**
con aire **preocupado**	mit besorgter Miene	
en todo caso	auf jeden Fall	
guapo	hübsch, gutaussehend	guapo/feo
por una parte . . ., por otra parte	einerseits . . ., andererseits	
aunque lo sea	selbst wenn er es vielleicht ist	
la **muerte**	Tod	
temblar como una hoja	zittern wie ein Blatt	temblar -ie-
apasionar	begeistern	
el **diccionario**	Wörterbuch	

40 Suquet de rape

el suquet de rape	katalanisches Fischgericht mit Rape (Seeteufel)
la rodaja	Scheibe
la pescadilla	Weißling (kleinerer Fisch)
la **gamba**	Gamba, Garnele
los **mejillones**	Miesmuschel
las **almendras**	Mandeln
el **perejil**	Petersilie

el **ajo**	Knoblauch
la rebanada	Scheibe
cocer las cáscaras	die Schalen kochen
tirar las conchas	die Schalen (der Muscheln) wegwerfen
la sartén	Pfanne
dorar 4 ajos	4 Zehen Knoblauch glasig (golden) werden lassen
un poco de harina	etwas Mehl
la cacerola	Topf
se sirve	wird serviert

unidad 10

41 Colombia

en honor de	zu Ehren von	el honor
una penosa expedición	eine mühevolle Expedition	

42 La economía de Colombia

el cultivo	Anbau	
destinado a	bestimmt für	
figura **en primer lugar**	steht an erster Stelle	
el segundo productor **mundial**	zweitgrößter Erzeuger der Welt	
el cafetal	Kaffeepflanzung	
pequeños colonos	kleine Siedler (oder Pächter)	
abundar	in großer Zahl/Menge vorhanden sein	
la vertiente	Berghang	
obtener dos cosechas al año	zwei Ernten im Jahr erzielen	
disponer de	verfügen über	
las **reservas** mineras	Bodenschätze (Bergbaureserven)	
a gran escala	in großem Ausmaß	
por ahora	zur Zeit (noch)	de momento
la escasez	Mangel	**escaso**
los **capitales** de inversión	Investitionskapital	
las industrias derivadas	die daraus entstehenden (daraus abgeleiteten) Industrien	
ocupar el cuarto lugar	an vierter Stelle stehen	
la **propiedad** del Estado	Staatseigentum	
mediante	mittels	
otorgar concesiones	Konzessionen erteilen	
las **compañías** nacionales	inländische Gesellschaften	

43 Elecciones en Colombia en 1982

las **elecciones**	Wahlen	
ser mayoritario	die Mehrheit besitzen	tener la **mayoría**
dividirse; la división	sich teilen; Spaltung	**dividir**
derrotó a su rival	er besiegte seinen Rivalen	derrotar
obtener votos	Stimmen bekommen	
disidente	von der Linie abweichender Politiker	
el **partido** minoritario	die kleinere Partei	
terrible	furchtbar	
desencadenar una **guerra civil**	einen Bürgerkrieg entfesseln	
la **violencia**	Gewalt, Gewalttätigkeit	
a fondo	gründlich	
hasta	sogar	**incluso**
el célebre autor	der berühmte Autor	**famoso**
depuso sus convicciones	ließ von seiner Überzeugung ab, stellte sie zurück	
detestar	hassen, verabscheuen	
derrotar; la derrota	besiegen; Niederlage	
impedir la reelección	die Wiederwahl verhindern	
inevitable	unvermeidlich, unumgänglich	
puro	rein	
la doctrina social	Soziallehre	
de **origen** humilde	von einfacher Herkunft	
en medio de	inmitten von	
los gritos	Rufe; Schreie	**gritar**
una alta **personalidad**	eine hohe Persönlichkeit	
le da por cumplir	es fällt ihm ein, Wort zu halten	

44 En Macondo

maravillosas invenciones	wunderbare Erfindungen	**inventar**
asombrarse; el asombro	staunen; Staunen	
trasnocharse	die Nächte verbringen	
contemplar	betrachten	
las pálidas bombillas	die schwachen (blassen) Glühbirnen	
alimentar	ernähren; Energie zuführen	
la planta (eléctrica)	Stromgenerator	
el obsesionante tumtum	das aufregende Rattern	

acomodarse a algo	sich an etwas gewöhnen	**acostumbrarse**
indignarse	sich ärgern	
las imágenes vivas	bewegte Bilder (Kino)	**la imagen**
el próspero comerciante	der wohlhabende Kaufmann	**el comercio**
proyectar	projizieren, (Film) vorführen	
sepultar	beerdigen	
derramar lágrimas de aflicción	Tränen des Schmerzes vergießen	
reaparecer vivo	lebendig wieder auftauchen	
compartir las vicisitudes	die Lebensschicksale teilen	
una burla inaudita	ein unerhörter Hohn	
la silletería	Bestuhlung	
a instancias de	auf Bitten von	
mediante un bando	durch öffentlichen Anschlag	
merecer	verdienen	
los desbordamientos pasionales	leidenschaftliche Ausbrüche	
alentar; desalentar	ermutigen; enttäuschen, entmutigen	
ser víctima	ein Opfer sein/werden	
un aparatoso asunto de gitanos	eine große Zigeunermachenschaft	
optar por no volver	sich entschließen, nicht wiederzukommen	
fingidas desventuras	vorgetäuschtes Unglück	
un ser imaginario	ein erfundenes, imaginäres Wesen	
algo semejante	etwas ähnliches	
el gramófono; el **tocadiscos**	Grammophon; Plattenspieler	
en sustitución de	zum Ersatz für	
los anticuados organillos	die altmodischen Drehorgeln	
hondo	tief	**profundo**
afectar	betreffen, in Mitleidenschaft ziehen	
la banda de músicos	die Musikkapelle	
la clientela	Kundschaft	**el cliente**
señoras respetables	angesehene Damen	
disfrazarse de villanos	sich als Bauern verkleiden	
la novedad	Neuheit	
el molino de sortilegio	Zaubermühle	
el truco	Trick (Vorrichtung)	
conmovedor	innerlich bewegend	
la manivela	Kurbel	
hasta los más incrédulos	sogar die Ungläubigsten	
desconcertarse	verwirrt werden	
un permanente vaivén	ein ständiges Hin und Her	

el alborozo	Freude, Begeisterung	
el desencanto	Enttäuschung	
la revelación	Enthüllung, Offenbarung	
hasta el extremo de que ...	(das ging) so weit, daß ...	
a ciencia cierta	mit Sicherheit (wissen)	
los límites	Grenzen	**limitar**

45 Despiértese mi dotor

el **cuerpo**	Körper	
soñar; el sueño	träumen; Traum	soñar -ue-
«pa tuiticos»: para todos los que reventamos de hambre	für alle, die wir draufgehen vor Hunger	
«ahí mesmo»: en el mismo momento	im selben Augenblick	
«vusté»: usted no me vendrá con el **cuento**	Sie werden mir nicht mit dem Märchen kommen	
«enjerma»: hace enfermo la represión	die Unterdrückung macht krank	
«pior»: peor		
pa(ra) el carajo	zum Teufel	

unidad 11

46 Galicia y los gallegos

gallego	galizisch	
cirugía ortopédica	orthopädische Chirurgie	
el **ayuntamiento**	Gemeinde; Rathaus	
la **lengua**	Sprache	
es decir	das heißt	
exclusivamente	ausschließlich	
a **nivel** familiar	in der Familie („auf fam. Ebene")	
estaba como **mal visto**	es war nicht gut angesehen	
daba una **sensación** de …	es machte den Eindruck …	
la falta de cultura	ein Mangel an Bildung	
paleto	primitiver Mensch	
más bien al contrario	eher im Gegenteil	
hasta tal punto que	(das ging) soweit, daß	
hacerse una idea	sich eine Vorstellung machen	
el **asunto**	Angelegenheit	
constante	ständig	
la corriente de **emigración**	Auswanderungsstrom	
tener en cuenta	berücksichtigen	
también **lo es**	es ist auch das (nämlich eine Emigration)	
representar	darstellen; sein	
los marinos y pescadores	Matrosen und Fischer	
cubren la flota	„decken" die Flotte, sind die Besatzung	
diez **u** once	zehn oder elf	
el **desarrollo**	Entwicklung	
tímido	schüchtern, zurückhaltend	
ofrecer garantías	Garantien bieten; Vertrauen erwecken	**garantizar**
socialista; socialismo	Sozialist, sozialistisch; Sozialismus	
el PSOE (Partido Socialista Obrero Español)	Sozialistische Arbeiterpartei	

47 Galicia

caracterizar	charakterisieren	el **carácter**
la Bretaña francesa	die französische Bretagne	
las **costas** recortadas	eingeschnittene Küsten	
las rías	fjordartige Flußmündungen	
se relaciona con	hat etwas zu tun mit	tener **relación**
los celtas	Kelten	
la leyenda	Legende	
la gaita	Dudelsack	
esencialmente rural	im wesentlichen ländlich/landwirtschaftlich	
denso	dicht	
dispersado	verstreut	
fincas **reducidas**	kleine Gehöfte	
el minifundio/latifundio	kleiner Landbesitz/Großgrundbesitz	
la **agricultura**	Landwirtschaft	
la ganadería y la pesca	Viehzucht und Fischerei	
mientras que	während (Gegensatz)	
escasamente desarrollado	spärlich entwickelt	
el centeno	Roggen	
la vid	Weinstock	
la industria naval	Schiffbauindustrie	
los astilleros	Werften	

48 Los idiomas de España

el vascuence, el vasco	baskische Sprache
los romanos	Römer
las Vascongadas	baskische Provinzen
la variante dialectal	Dialektvariante
el acento	Akzent; Aussprache
la entonación	Intonation
procedente de	aus . . . kommend
el **Mediterráneo** Oriental	östliches Mittelmeer
Turquía, Grecia	Türkei, Griechenland
Egipto	Ägypten
centenares de miles	Hunderttausende
los sefardíes	Sepharden (Juden spanischer Abstammung)

los descendientes	Nachfahren	
expulsar	vertreiben, ausweisen	
los **Reyes Católicos**	die „katholischen Könige“ (Isabel de Castilla und Fernando de Aragón)	
la incorporación de palabras	die Aufnahme von Wörtern	

49 Un niño que sería capaz de comerse a su padre por las piernas

no reparar en	sich nicht scheuen	
la **boca**	Mund	
el sobrino	Neffe	
la **caja,** el cajón	Kiste, Schachtel	
los chiquillos, chicos	die Kleinen	**-illo**
el bocado	Bissen	
el mérito	besonderes Verdienst	
bocados de mérito	Leckerbissen	
el pedazo	Stück	el **trozo**
la rosca	Schnecke (Gebäck)	
la tarta	Torte, Kuchen	
merecía la **ayuda**	er verdiente die Hilfe	
vivía hecho una calamidad	er war ein Unglücksmensch	
el **mozo**	junger Mann	
encopetado	stolz	
enloquecer	verrückt werden	
la juerga; el juerguista	großes Vergnügen; vergnügungssüchtiger Mensch	
un limón exprimido	ausgepreßte Zitrone	
el ángel	Engel	
las facciones juguetonas	verspielte Gesichtszüge	
adivinar	erraten	
las ansias	Sehnsucht; Begier	
dominar	beherrschen	
sumido en cavilaciones	versunken in Grübelei	
repolludo	rundlich	
las golosinas	Süßigkeiten, Leckerbissen	

50 Pascual Duarte

matar	töten
el **crimen**	Verbrechen
cuadró en viernes	fiel auf einen Freitag
el sol se **agradecía**	man war dankbar für die Sonne
pensé en **aquello**	ich dachte an die Sache
procuré **vencerme**	ich versuchte mich zu überwinden
el suicidio	Selbstmord
debajo de las **ruedas**	unter den Rädern
el **amor propio**	Selbstachtung
algo debió de **notarme**	etwas mußte sie mir anmerken
la **tontería**	Unsinn, Dummheit
besar; el **beso**	küssen; Kuß
me hubiera estremecido	ich hätte gezittert
la **pieza**	Stück
de una pieza	wie erstarrt
como si estuviera al cabo de la calle	als wäre sie dahintergekommen
la **ocasión**	Gelegenheit
hacer de tripas corazón	den ganzen Mut zusammennehmen
las tripas	die Gedärme
lo más pronto posible	so bald wie möglich
la dejé que siguiera durmiendo	ich ließ sie weiterschlafen
el **suelo**	Boden
la **piedra**	Stein
clavarse en la planta del pie	sich in die Fußsohle bohren
desenvainar	aus der Scheide ziehen
el **descanso**	Rast, Ruhe, Pause
una **sensación** de alivio	Gefühl der Erleichterung
recorrer las venas	die Adern durchlaufen
el novelista	Romanschriftsteller

unidad 12

51 Diez años con Mafalda

caminar	gehen	
visto de espaldas	vom Rücken her gesehen	
dibujos animados	Zeichentrickfilm	
las **piernas** muy flacas	sehr dünne Beine	
de una fragilidad desarmante	von entwaffnender Zerbrechlichkeit	
el cabello rizoso	gelocktes Haar	el **pelo**
la sonrisa bondadosa	gutmütiges Lächeln	
tras las gafas	hinter der Brille	
el hecho de que	die Tatsache, daß	
estoy muy cómodo	ich fühle mich sehr wohl	
honesto	ehrlich	
dejar de hacerla	aufhören, sie zu machen	
¿se arrepintió?	haben Sie es bereut?	arrepentirse
con entusiasmo	mit Begeisterung	
me tenía harto	ich hatte genug	
enérgico; la energía	energisch; Energie	
el proceso	Prozeß; Entwicklung	
dibujar	zeichnen	
me autocensuro	ich übe Selbstzensur	
publicar	veröffentlichen	
la **política**	Politik	
de qué lado se apunta	wozu er sich rechnet	
echarse a reír	loslachen	
lleno de fe	voll Vertrauen	
los **regímenes** políticos	politische Regime	el **régimen**
establecerse	sich niederlassen	
lo siento por ella	es tut mir leid ihretwegen	
no le disgustaría	sie hätte nichts dagegen	
a la edad que **uno tiene**	in meinem Alter (bei dem Alter, das „man“ hat)	
así como así	einfach so, mir nichts dir nichts	

hacerse amigos	Freunde finden, sich befreunden
una pavada	Albernheit
me da lo mismo	es ist mir egal

52 La condición del exilio

la condición del exilio	die Situation im Exil
«ejte»: este	(argentinische Anrede)
«vijte»: viste	verstehst du?
adelantó su condición de exiliado	er schob seine Eigenschaft als Emigrant in den Vordergrund
la **tarjeta** de visita	Visitenkarte
el manual	Handbuch, Lehrbuch
la prodigiosa **novela**	wunderbarer, gewaltiger Roman
mitológico	hier etwa: legendär
la nostalgia	Sehnsucht
«del lado de allá»	nach der anderen Seite (des Meeres)
la bohemia parisiense	die Pariser Boheme
provocar un cambio	eine Veränderung hervorrufen
uno más	einer unter vielen
la gigantesca diáspora	die riesige Diaspora
entender por . . .	unter . . . verstehen
detrás	dahinter
las diferencias idiomáticas	sprachliche Unterschiede
el **sentimiento**	Gefühl
la **unidad profunda**	tiefe Einheit
racionalmente	rational, mit dem Verstand
voluntario	freiwillig
forzoso	Zwangs-
marcar	prägen
quitando	abgesehen von
la **obra**	Werk
está profundamente afirmada	steht stark auf dem Boden
real	real, wirklich
represión, persecución	Unterdrückung, Verfolgung
la tortura	Folter
la tenacidad en la búsqueda	Hartnäckigkeit in der Suche
reflejarse	sich widerspiegeln
a partir del «boom»	seit dem „Boom“
a causa de él	infolge des „Booms“
revolucionario	umwälzend

53 Buenos Aires

la desembocadura	Mündung	la **boca**
fabulosas riquezas mineras	märchenhafte Bodenschätze	
la **frente;** al frente de	Stirn; an der Spitze von	
desembarcar	landen	
bautizar	taufen	

54 La población argentina

distinguir	unterscheiden
el componente casi absoluto	der fast alleinige Bestandteil
la minoría	Minderheit
lograr su independencia	seine Unabhängigkeit erlangen
poco poblado	wenig bevölkert
escasamente 400.000	knapp 400.000
progresivamente	zunehmend
el colono	Siedler
el decenio	Jahrzehnt
el **puerto**	Hafen
sobrepasar	übersteigen
denso; la densidad	dicht; Dichte
residentes	ansässig
corresponder	entsprechen

55/56 Tangos

Soy de línea

soy de línea	etwa: ich bin aufrecht
tango milonga	schneller Tango
la parada	Parade; Angeberei
a mí no me la das	mir machst du keinen Eindruck
el champán	Champagner
compadrear	Freundschaft suchen; sich anbiedern
un pibe flor	etwa: einen Kleinen, Jungen
la **ilusión**	hier: Freude, Hoffnung
un modesto bulincito	eine bescheidene Bleibe
el nido; nidito	Nest
el arrullo de mi pasión	das Gurren meiner Leidenschaft
las pretensiones	Bewerbung(en), Werben

locas ilusiones	verrückte Illusionen	
no me vas a marear	du wirst mich nicht schwindlig machen	
apunta para otro lado	ziel woanders hin	
este tiro te ha fallado	dieser Schuß ging dir daneben	
cacarear	krähen wie ein Hahn	
jamás me doblarás	du wirst mich nie beugen	

Caminito

borrar	verwischen	
bordado de	gesäumt; gestickt	
el trébol; los juncos	Klee; Schilf	
el llanto	Weinen	**llorar**
regar	berieseln	regar -ie-
el cardo	Distel	
la huella	Spur	

unidad 13

57 Colegios

el intendente mercantil	Betriebswirt, Betriebsberater
tener en cuenta	bedenken, berücksichtigen
se las arregla para ...	er richtet es sich so ein, daß
el pluriempleo	Beschäftigung an mehreren Stellen
salir adelante	weiterkommen, durchkommen
en **edad** escolar	im Schulalter
un **colegio** estatal	eine staatliche Schule
el **Estado**	Staat
incluso	sogar
la matrícula	Einschreibung; (auch: Autokennzeichen)
el bachillerato	Abitur bzw. Schule, die zum Abitur führt
se lo pueden permitir	sie können es sich leisten
la **mentalidad**	Mentalität
las **amistades**	Freunde; Freundschaften
admitir	hier: aufnehmen, zulassen
sin más	ohne weiteres
colegios mixtos	gemischte Schulen
el catedrático de Enseñanza media	Gymnasialprofessor (mit Titel durch „oposiciones“)
buscar por otro lado	anderswo suchen
se nota	man merkt es
a la hora de	wenn es darum geht ...
el **lujo,** superlujo	Luxus, Superluxus
es la **excepción**	das ist die Ausnahme
por lo pronto	zunächst mal
para el día siguiente	für den nächsten Tag
enfrentarse con una decisión	vor einer Entscheidung stehen, sich mit einer Entscheidung auseinandersetzen
por lo que oyen hablar	nach dem, was sie hören

58 Diversos niveles del sistema educativo

educativo	Erziehungs-. . .	
la **educación** preescolar	Vorschulerziehung	
voluntario/obligatorio	freiwillig/obligatorisch	
la escuela de párvulos	Schule für kleine Kinder	
cursar estudios universitarios	an einer Universität studieren	
la **especialidad**	hier: Fachrichtung	
durar; la duración	dauern; Dauer	

59 Un día en el colegio

me contemplo	ich sehe mich, betrachte mich	
la madrugada	früher Morgen	
la capilla	Kapelle	
la **sala,** el **salón**	Raum, Saal	
transcurría media hora	es verging eine halbe Stunde	
sonaba una campana	es läutete eine Glocke	**sonar -ue-**
descendíamos	wir gingen hinunter	**bajar**
el **comedor**	Speisesaal	
de nuevo	wieder, aufs neue	
idos al **patio**	nachdem wir in den Hof gegangen waren	
nefasto	schrecklich, unheilvoll	
inmóvil	unbeweglich	
tornaba a sonar	klingelte wieder	**volvía a sonar**
el aula, las aulas	Klassenzimmer	
la confesión	Bekenntnis	

60/61 Poesías de Antonio Machado

Recuerdo infantil

el **recuerdo** infantil	Kindheitserinnerung	
pardo	grau	
los colegiales	Schulkinder	
el cristal	(Fenster)glas	
el **cartel**	Plakat, Wandbild	
fugitivo	flüchtig	
la mancha carmín	roter Fleck	
el timbre	Timbre, Stimme	la **voz**

hueco	hohl	
tronar	donnern	tronar -ue-
enjuto	dürr, hager	

Consejos

el **consejo**	Rat	
la **moneda**	Münze; (auch: Währung)	
guardar	aufbewahren, hüten	
el **alma**	Seele	

62 Escucha, adulto

al adulto	Erwachsener	
aguantar insultos	Beleidigungen ertragen	
tener cuidado	vorsichtig sein	**el cuidado**
ven/vete	komm her/geh weg	
haz los deberes	mach die Aufgaben	
tragar	schlucken, hinunterschlucken	
apagar	ausmachen (Licht, Radio, Fernseher . . .)	
chupar	ablecken, auflecken	
estate quieto	halt ruhig	
siéntate/levántate	setz dich/steh auf	
no ensucies	mach keinen Dreck	
no des patadas	hau nicht mit den Beinen rum	
peligroso	gefährlich	**el peligro**
sé bueno	sei brav	
no mientas	lüg nicht	mentir
malo	böser Kerl	
te voy a matar/pegar	ich werde dich umbringen/verhauen	
ven acá	komm her	
silencio	Ruhe!	

unidad 14

63 Adolfo Pérez Esquivel

la **paz**	Frieden	
un hombre **cualquiera**	irgendwer	
la **actividad**	Aktivität, Tätigkeit	
Servicio de Paz y Justicia	Dienst für Frieden und Gerechtigkeit	
ayudar	helfen	
come como un canario	er ißt wie ein Spatz (Kanarienvogel)	
anda en micro	er fährt mit dem Bus	
la escobilla de dientes	Zahnbürste	**cepillo** de dientes
calificar	bezeichnen	
la ofensa	Beleidigung	**ofender**
no da su brazo a torcer	gibt nicht nach	
denunciar los atropellos	die Übergriffe, Ungerechtigkeiten anprangern	
el preso político	politischer Gefangener	
sigue impertérrito	er ist nach wie vor unbeirrt	
el oído	Ohr; Gehör	
el **silencio**	Schweigen	
la ausencia de conflicto	das Nichtvorhandensein von Konflikten	
somos imperfectos	wir sind unvollkommen	
el consenso	Konsens, Übereinstimmung	
situaciones **extremas**	extreme Situationen	
luchar por; la lucha por	kämpfen um; Kampf um	
me reúno con mis amigos	ich komme mit meinen Freunden zusammen	**reunirse**
admirar	bewundern	
pasar inadvertido	nicht auffallen	
el feminista; feminista	Feminist; feministisch	
el letrero	Schild, Etikett	
pegar	aufkleben	

subversivo	subversiv, umstürzlerisch	
reaccionario	reaktionär	
es como cualquier cosa	ist etwas Selbstverständliches	
el partidario	Anhänger, Befürworter	
¿advirtió mejoras?	haben Sie Verbesserungen festgestellt?	
el cuadro de **derechos humanos**	das (Gesamt)bild der Menschenrechte	
angustiado y atemorizado	verängstigt und verschüchtert	
el índice de **desocupación**	Höhe der Arbeitslosigkeit	**el paro**
han disminuido las desapariciones	die Zahl der Verschwundenen hat abgenommen	
ambos **gobiernos**	beide Regierungen	
una escalada de represión	Eskalation der Unterdrückung	
la integridad física	körperliche Unversehrtheit	
paralizar	lähmen	
contagioso	ansteckend	
encerrarse	sich einschließen	
la angustia	Angst	

64 Expresarse ... para vivir

restringido	eingeschränkt
tomar **conciencia**	sich bewußt werden
a nivel social	auf der Ebene der Gesellschaft
la conducta humana	menschliches Verhalten
silencioso	schweigend, still
compartir	teilen, gemeinsam haben
la **competencia**	Wettbewerb, Konkurrenz
quedar limitado	begrenzt sein
saciar	sättigen, befriedigen
suprimir	unterdrücken, ausschalten
reemplazar, remplazar	ersetzen
encargarse de	es übernehmen, zu
proveernos el circo	uns den Zirkus liefern
concursos de todo tipo	Wettbewerbe jeder Art
los **medios de comunicación**	Massenmedien
un mundo ficticio	eine Scheinwelt
la bondad	Güte
el mundo **exterior**	Außenwelt
el caos generalizado	allgemeines Chaos

más allá de ...	über ... hinaus, jenseits von	
unir a	verbinden mit, binden an	
las raíces comunes	gemeinsame Wurzeln	
el esfuerzo	Anstrengung	
enfrentar el futuro	sich der Zukunft stellen	
queramos o no	ob wir wollen oder nicht	
la pertenencia	Zugehörigkeit	
contentarse con	sich zufriedengeben mit	
se torna mal mirado	es wird zu etwas ungern Gesehenem	**está mal visto**
habitable	bewohnbar, lebenswert	
el gozo	Genuß, Freude	

65 Los cateadores

el cateador	Erzsucher; Kundschafter	
caminar	(zu Fuß) gehen	**andar**
el caserío	Hof; Ansammlung von Häusern	
la pampa	Pampa, baumlose Fläche	
explorar	erforschen, auskundschaften	
conformarse con	zufrieden sein mit	**contentarse con**
harina tostada	geröstetes Mehl	pan tostado, tostada
la galleta de marinero	Trockenkeks	
empujar	stoßen; vorantreiben	
el cobre	Kupfer	
el sabio	Gelehrter, Wissenschaftler	
maravillarse	sich wundern	
el hoyo	kleine Grube	
tapar	zudecken	
cavar	graben	

66 Chile antes de la conquista

la cordillera	Bergkette	
los araucanos	Indiostamm	
ayudarse unos a otros	sich gegenseitig helfen	
juntarse	sich zusammentun	
alojarse en casuchas	in Hütten wohnen	
construir	bauen	**construyo, construye**
ramas, paja y barro	Zweige, Stroh und Lehm	
soportar	ertragen	**aguantar**

dedicarse a **cazar**	sich mit Jagen beschäftigen	
el guerrero	Krieger	la **guerra**
pavimentado	gepflastert	
levantar edificios	Gebäude errichten	
invadir	einfallen	
criar ganado	Vieh züchten	
regar los campos	Felder bewässern	
mandar	befehlen	
mandar construir	bauen lassen	
partir de	von ... ausgehen	
el desierto	Wüste	

67 Soy nada más que un poeta

el **poeta**	Dichter	
amar	lieben	**querer**
errante	schweifend, umherirrend	
encarcelan mineros	sie sperren Bergarbeiter ins Gefängnis	
los **soldados** mandan a los jueces	die Soldaten befehlen den Richtern	el juez
la araucaria salvaje	wilde Araukarie, Schuppentanne	
el vendaval	Sturm	
campanas **recién** compradas	kürzlich erst gekaufte Glocken	
volver a empapar el pan	wieder das Brot tränken	
los frijoles	Bohnen	
el fabricante de muñecas	Puppenmacher	
resolver	lösen	

unidad 15

68 Soy de Guernica

el centro espiritual	geistiger Mittelpunkt	
jurar los fueros	auf die Sonderrechte schwören	
destrozado	zerstört	
el **caballo**	Pferd	
distanciarse	sich distanzieren	la **distancia**
de repente	plötzlich	
nos ha dado la manía de ...	wir haben die Manie, ...	
sociable	umgänglich	
el nacimiento	Geburt; hier: Entstehung	
una organización **terrorista**	terroristische Organisation	
de cierta manera	in gewisser Weise	
lógico	logisch	
la **Edad Media**	Mittelalter	
autónomo	autonom, selbstverwaltet	
la guerra civil	Bürgerkrieg	
volar	hier: in die Luft sprengen (sonst: fliegen)	**volar -ue-**
Carrero Blanco	Ministerpräsident einer Regierung unter Franco	
qué horror	wie entsetzlich	
en el fondo	im Grunde	
esconderse	sich verstecken	
estar hasta las narices de	satt haben	
el **terrorismo**	Terrorismus	
empobrecido	verarmt	
la integración	Integration, Eingliederung	
retirar	zurückziehen	
la amnistía	Amnestie	
reconocer	anerkennen	**reconocer -zc-**
legalizar los partidos	Parteien legal zulassen	
... y demás	und so weiter	
ser cabezota	dickköpfig sein	

69 ¿Dónde se vive mejor?

los **datos**	Daten	
la situación sanitaria	sanitäre Verhältnisse	
la **participación** política	politische Mitbestimmung	
penúltimo	vorletzter	
reunir las condiciones	Bedingungen erfüllen	
el paraíso	Paradies	
más allá de	über ... hinaus	
el retrato-robot	Phantombild	
ideal	ideal	
el farmacéutico	Apotheker	la **farmacia**

70 Movimientos interiores

sistemático	systematisch	
emisoras de población	..., die Bevölkerung abgeben	
excepto	ausgenommen	
provincias costeras	Küstenprovinzen	
provincias receptoras	Provinzen, die ... aufnehmen	
la **industrialización**	Industrialisierung	
señalar	hinweisen auf	
seguir una línea	(politische) Linie verfolgen	
los recursos	Mittel, Reserven	
al revés	umgekehrt	
en favor de	zugunsten von	
obligar a	zwingen	
poblar	bevölkern	
la nula trasportabilidad	nicht vorhandene Transportmöglichkeit	
zonas aptas para el **turismo**	Gebiete, die sich für den Tourismus eignen	**turista; turístico**
a partir de los años 50	ab den 50er Jahren	
a largo plazo	langfristig	
la importancia cuantitativa	quantitative Bedeutung	

71 Canciones vascas

la **canción**	Lied
por lo cual	weshalb
con mucha **gracia**	mit Witz, Charme

la cumbre	Gipfel	
donostiarra	von San Sebastián	
la pescadora	Fischerin, Fischersfrau	
lucir	stolz tragen, herzeigen	
la pantorrilla	Wade	
la estampa	Bild, Ansicht	
los gentilicios	Adjektiv zu Städte-, Länder- oder Völkernamen	

72 Desde Santurce

la orilla	Ufer	
remangar la falda	den Rock mit der Hand hochheben	
de prisa	eilig, schnell	
oprimir	drücken	**apretar**
frescué: frescas hay		
la del segundo (piso)	die aus dem zweiten Stock	
¿a cómo?	zu wieviel?	
la cesta	Korb	

unidad 16

73 Bolivia

practicar	ausüben, betreiben	
mediante el **empleo**	durch die Verwendung	
el rendimiento	Ertrag	
el latifundio	Großgrundbesitz	
el propietario	Eigentümer	
emprender	unternehmen	
la **reforma** agraria	Landreform	
tener por objeto	zum Ziel haben	
el reparto	Verteilung	repartir
la ganadería es **insuficiente**	Viehzucht ist unzureichend	
la llama; la alpaca	Lama; Alpaka	
la vicuña	Vicuña	
sobrio	anspruchslos	
apenas precisan **cuidados**	erfordern kaum Pflege	
animal de **carga**	Lasttier	**cargar**

74 Potosí: el ciclo de la plata

el auge	Höhepunkt	
congregar	zusammenführen	**reunir**
el artesano	Handwerker	
europeos y criollos	Europäer und Kreolen (Nachkommen von Europäern)	
el imaginero	Bildschnitzer oder religiöser Maler	
imprimir su sello	ihr Siegel aufdrücken	
vasto	weit, umfangreich	
el aliento pagano	heidnischer Atem	
dar de mamar el pecho	die Brust zum Trinken geben	
descuidado	verwahrlost	el **cuidado**
venirse abajo	herunterkommen, einstürzen	**venir: viniendo**
aplastar	erdrücken	

saquear	plündern, ausrauben	
fundir	verschmelzen, vermischen	
valioso	wertvoll	
el genio	Genie, Geist	
la herejía	Ketzerei	
el sagrado sol	geheiligte Sonne	
el **santo**	der Heilige	
la **uva**	Traube	
las espigas enroscadas en las columnas	Ähren, die sich um Säulen ranken	
kantuta, la flor imperial	Kantuta, die Reichsblume	
la vid	Rebstock, Wein	
el ascetismo románico	romanische Askese	
algunas divinidades	einige Gottheiten	
las cariátides	Karyatiden, gebälktragende Figuren	
de rasgos indígenas	mit Zügen von Eingeborenen	
reacondicionar	wieder gebrauchsfähig machen	
San Ambrosio	St. Ambrosius	
los bajorrelieves	Flachreliefs	
el **frente**	Front, Fassade	
el estreno	Erstaufführung	

75 Tres héroes

aunque vivan sin decoro	selbst wenn sie (vielleicht) ohne Anstand leben	
padecer	leiden	**sufrir**
rebelarse	sich auflehnen	
sagrado	geheiligt, heilig	
el sol tiene manchas	die Sonne hat Flecken	
desagradecido	undankbar	
agradecido	dankbar	**agradecer -zc-**
relampaguear	blitzen	
el labio	Lippe	
montar a **caballo**	(zu Pferde) reiten	
oprimir	unterdrücken	
pesar	schwer wiegen, lasten	
antes que	früher als, eher als	
el mérito	Verdienst	
derrotar	(vernichtend) schlagen	

pelear	kämpfen	**luchar**
los libertadores	Freiheitshelden, Befreier	
libertar	befreien	
Nueva Granada	alter Name von Kolumbien	
batallas sublimes	großartige Schlachten	
soldados descalzos	barfüßige Soldaten	
medio desnudo	halb nackt	
el escritor, el poeta	Schriftsteller, Dichter	
el caudillo	Führer, Anführer	

76 El sueño de Pancho Villa

cuando se establezca	sobald errichtet wird	establecer -zc-
no habrá más ejército	es wird keine Armee mehr geben	
el apoyo	Stütze, Unterstützung	**apoyar**
la tiranía	Tyrannei	
la posesión de tierras	Landbesitz	
laborar	arbeiten	**trabajar**
el trabajo honrado	ehrliche Arbeit	
es más importante que pelear	ist wichtiger als zu kämpfen	
produce buenos ciudadanos	bringt gute Bürger hervor	
recibir instrucción militar	militärische Ausbildung erhalten	
a su vez	ihrerseits, wiederum	
impartir instrucción	Ausbildung erteilen	
cuando sea invadida	wenn das Land angegriffen wird	
bien equipado	gut ausgerüstet	
defender a sus hogares	Heim und Herd verteidigen	
han sufrido hondo conmigo	sie haben tief mit mir gelitten	
curtir cueros	Leder gerben	
sillas y frenos	hier: Sättel und Zaumzeug	
la granja	Farm	
criar ganado	Vieh züchten	
sembrar maíz	Mais anbauen („säen“)	
expresivamente	ausdrucksvoll	
el sueño patriótico	patriotischer Traum	
el luchador	Kämpfer	**luchar**
no se cumplió así	es ging nicht so in Erfüllung	
echarse al monte	sich in die Berge begeben/flüchten	
siendo un muchacho	als er ein junger Kerl war	
le habían proscrito	sie hatten ihn geächtet	
el rebelde	Aufständischer	

77 Un país de grandes posibilidades

el farol	Laterne; Laternenmast	
colgar	aufhängen, hängen	colgar -ue-
pegarse un tiro	sich erschießen	
presenciar	beiwohnen, selbst erleben	
el/la amante	Geliebter/Geliebte	
la bala	Kugel	
el propio sobrino	der eigene Neffe	
progresista	fortschrittlich	
al (mismo) tiempo que	während gleichzeitig ...	
el ciudadano	Bürger	
amargo	bitter	
el altiplano	Hochebene	
el estaño	Zinn	
el plomo	Blei	
temer	fürchten	
Siglo XX	hier: wichtige Bergwerksanlage	
siempre que	immer wenn, jedesmal wenn	
el **arma**	Waffe	
la habilidad de manejarla	die Geschicklichkeit, damit umzugehen	
el **cinturón**	Gürtel	
señalar	hinweisen, deuten auf	
aparentar 60 años	aussehen wie 60	
asentir (con la cabeza)	nicken, zustimmen	
la meta	Ziel	
el grupo de presión	gesellschaftliche Interessengruppe	
el líder	Führer, Anführer (Leader)	
envidiar	beneiden	
jurídico	juristisch	
los **medios**	Mittel	
peor tratados que nadie	schlechter behandelt als irgendjemand sonst	
el **miembro** del **sindicato**	Gewerkschaftsmitglied	
el bloqueo de caminos	Sperrung von Straßen	
tomar medidas	Maßnahmen ergreifen	
la **extensión**	Ausdehnung, Fläche	
el bienestar	Wohlstand	

78 Lamento de la vicuña

maldigo mi suerte	ich verfluche mein Schicksal
perseguir	verfolgen
torcer	drehen
la **mala suerte**	Pech, Unglück
la puna	Puna (Hochsteppe in den Anden)
la paja, pajita	Stroh, trockenes Gras
la taruca	Bock
el cuerno	Horn

unidad 17

79 Monarquía, democracia, autonomías

nombrar	ernennen	
celebrar elecciones	Wahlen abhalten	
los diputados	Abgeordnete	
las Cortes; el **Parlamento**	alter und neuer Name des Parlaments	
aprobar	billigen, verabschieden	aprobar -ue-
la descentralización	Dezentralisierung	
la constitución	Verfassung	

80 Los hijos de los vencidos

aislado	isoliert	
la prisión	Gefängnis	**cárcel**
recuperarse	sich erholen	
millares de vidas **destrozadas**	Tausende von kaputten Leben	
asomarse a	über den Rand blicken; sich hinauslehnen	
el pozo negro	der schwarze Brunnen/Schacht	
constituir	bilden, darstellen	**representar**
rodeado de **peligros**	von Gefahren umringt	
desoladoramente solo	trostlos allein	
la posguerra	Nachkriegszeit	
el infierno	Hölle	
la víctima	Opfer	
reposar	ausruhen	**descansar**
tragarse la mediocridad	die Mittelmäßigkeit ertragen (schlucken)	
la **falsedad**	Falschheit	
los **crímenes** que se **cometían**	die Verbrechen, die begangen wurden	
traicionar	verraten	

hacer algo por alguien	etwas für jemand tun	
justificar	rechtfertigen	
nada salvo . . .	nichts außer	

81 Hijos de papá

un hijo de papá	verwöhntes Kind	
desgraciado	unglücklich	**desgracia**
altamente estimable	sehr respektabel	
presumir	angeben, prahlen	
glorias y heroísmos	Ruhm- und Heldentaten	
aquella guerra	jener (schon lang zurückliegende) Krieg	
la infancia	Kindheit	
atormentado	geplagt, gepeinigt	
a nuestro alrededor	rund um uns	
la denominación	Name, Benennung	
la generación del 98	(literarische Generation, 1898, Verlust der letzten Kolonien, Neubesinnung)	
la generación del 27	(1927, literarische Generation)	
la del 36	(1936, Bürgerkrieg, Kriegsgeneration)	
el **puente**	Brücke; Übergangs-. . .	
el **colmo**	die Höhe	
la degradación	Erniedrigung	
cotas de prosperidad	Höhen des Wohlstandes	
la **ilusión** de una **tarea** comunitaria	die Freude einer Aufgabe für die Gemeinschaft	
los vencedores y los vencidos	Sieger und Besiegte	
sacar adelante	weiterbringen	
tremendo	furchtbar	
a distancia	aus der Entfernung	
como si quisieran borrar	als ob sie auswischen (auslöschen) wollten	
como si se avergonzaran	als ob sie sich schämten	**avergonzarse**
la **vergüenza**	Schamgefühl	
pararse a meditar	anfangen nachzudenken über	
las **razones por las cuales**	die Gründe, aus denen . . .	
gozar de	genießen	**disfrutar de**
el **freno**	Bremse	**frenar**

82 Antonio Mingote

el cronista	Chronist, Berichterstatter	
deteriorar; el deterioro	verderben; Verschlechterung	
la convivencia	Zusammenleben	
suspirar por	seufzen nach	
ponerse de acuerdo en ...	sich darauf einigen, zu ...	
escribir letreros	etwa: Parolen schreiben	
la **pared**	Wand	
ver señoras en pelota	nackte Frauen sehen	
suponer	vermuten	**suponer: supongo**
estar conforme	einverstanden sein	
la **acción;** la **reacción**	Handlung; Reaktion	**reaccionar**
violento	heftig; gewalttätig	
éstos o aquéllos	die einen oder die anderen	
la suegra	Schwiegermutter	
negarse a	sich weigern	**negarse -ie-**
tal infamia	eine derartige Schande	
a su manera	auf seine Weise	
útil	nützlich	
insoportable	unerträglich	
francamente	ehrlich gesagt	
facilitar el trabajo	die Arbeit erleichtern	
comunicarse con	kommunizieren, sich verständigen mit	
en vez de	anstatt zu	
merecer	verdienen	
pegarle un tiro	ihn erschießen	
esforzarse	sich anstrengen	**esforzarse -ue-**
regalar	schenken	
el **lápiz;** el **bolígrafo**	Bleistift, Stift; Kugelschreiber	
echarse a llorar	anfangen zu heulen	

83 Los «tacos»

el taco	derber Ausdruck
la traducción literal	wörtliche Übersetzung
la «palabrota»	ordinäres Wort
la interjección	Interjektion, Ausruf
a fondo	gründlich
el diccionario secreto	geheimes Wörterbuch

84 El disputado voto del señor Cayo

disputarse algo	sich etwas streitig machen, darum kämpfen	
el disputado voto	die begehrte Stimme	
la sátira	Satire	
realista	realistisch, wirklichkeitsnah	
poner en evidencia	deutlich darstellen; bloßstellen	
el **vecino**	Nachbar; Bewohner	
la ciudad ruidosa	die lärmende Stadt	
masificado	vermaßt	
lleno de tópicos	voll von Schlagwörtern	
desenfadado	unbekümmert, locker	
entablar una conversación	ein Gespräch anfangen	
una brazada de leña	ein Arm voll Brennholz	
depositar sobre las brasas	auf die Glut legen	
el hogar	Herd, Feuerstelle	
palparse	sich abtasten	
humear	dampfen	
casi **seco; secar**	fast trocken; trocknen	
mirar en derredor	um sich schauen	**a su alrededor**
la miró **de abajo arriba**	schaute sie von oben bis unten an (von unten bis oben!)	
sonreír	lächeln	**sonrío, sonríe**
entretenerse	sich unterhalten	
mirar en torno	herumschauen	
se alteró todo	wurde ganz aufgeregt	alterarse
joder	verdammt nochmal	
sonrió socarronamente	er lächelte schlau	
estar incomunicados	ohne jede Verbindung sein	la **comunicación**
quiá	ach was!	
labores no faltan	Arbeiten fehlen nicht	la labor
bebían sin cesar	sie tranken unaufhörlich	
una locuacidad expansiva	überschäumende Gesprächigkeit	
tal como se explica	so wie Sie das erzählen	
usted aquí ni pún	Sie haben hier keine Ahnung	
así se hunda el mundo	wenn einmal die Welt untergeht	hundirse
usted **ni se entera**	Sie merken es nicht einmal	
es una manera de decir	man sagt das halt so	
ande	hören Sie mal	**andar**
jo (joder)	Kraftausdruck	
la furgoneta	Lieferwagen	

a mediados de mes	in der Mitte des Monats	
se tiró 4 semanas en la inopia	Sie waren da vier Wochen völlig ahnungslos	
correr prisa	eilig sein	
alzar la voz	die Stimme erheben	
apaciguador	beschwichtigend	la **paz**
un **movimiento** ambiguo	eine mehrdeutige Bewegung	
me cogía a trasmano	war für mich ein bißchen weit weg	
que bueno	schon recht	
le habrían dado tierra	sie würden ihn beerdigt haben	
excitado	erregt	
introdujo un dedo	er schob einen Finger hinein	introducir
bajo la boina	unter die Baskenmütze	
se rascó la cabeza	er kratze sich am Kopf	rascarse
murmurar	murmeln	
andar con rencores	nachtragend sein	
el invento	Erfindung	
de qué va la fiesta	was hier gespielt wird	
humildemente	bescheiden	
cálido	erhitzt	
un tono mitinesco	ein Ton wie auf Parteiversammlungen (engl. meeting)	
un problema de opciones	eine Frage der Wahl, der Entscheidungen	
aspiramos a	wir haben uns zum Ziel gesetzt	
redimir al proletariado	das Proletariat erlösen	
le **observaba**	er beobachtete ihn	
asistir a un espectáculo	einem Schauspiel beiwohnen	
una chispita de perplejidad	ein Fünkchen Verlegenheit	
se desconcertó	war verblüfft	
que pare de llover	es soll aufhören zu regnen	
que apriete el calor	es soll richtig warm werden (die Wärme soll „drücken“)	apretar -ie-
se incorporó a medias	er richtete sich halb auf	
no te enrolles	bemüh dich nicht	
macho	Mann; männlich	
razonable	vernünftig	la razón
los resortes del poder	die Hebel der Macht	
coño	Kraftausdruck, etwa: zum Donnerwetter	

unidad 18

85 Cuba

cesó la búsqueda	die Suche ließ nach	cesar
Bernal Díaz del Castillo	einer der Chronisten der Conquista	
Pedro de Alvarado	später an der Eroberung Mexikos beteiligt	
Bartolomé de las Casas	Mönch, der sich für die Menschenrechte einsetzte	
los indocubanos	die kubanischen Indios	
la resistencia fue dominada	der Widerstand wurde unterdrückt (beherrscht)	
el trato discriminatorio	diskriminierende Behandlung	
determinaron su exterminio	führten zu ihrer Ausrottung	
un millar	etwa tausend	
los trabajos forzados	Zwangsarbeit	

86 Rito de Sikan y Ekué

Ekué era sagrado	Ekué war heilig	
podía querer decir **curiosa**	könnte bedeuten: Neugierige	
unos cuantos hombres	einige wenige Männer	
persiguió	sie verfolgte	perseguir -i-
la jícara	Trinkschale, Tasse	
huir	fliehen	
trajo a Ekué al pueblo	sie brachte Ekué ins Dorf	**traer: traje, trajo**
vinieron al río	sie kamen zum Fluß	**venir: vine, vino**
por los árboles **supieron**	von den Bäumen erfuhren sie	**saber: supe, supo**
lo **hicieron** huir	man hatte ihn zum Fliehen gezwungen	
Sikan lo atrapó	Sikan erwischte ihn, hatte ihn erwischt	
tapar los oídos profanos	die weltlichen Ohren zuhalten	

el **secreto; secreto**	Geheimnis; geheim	
quién si no	wer sonst	
semejante cosa	etwas derartiges	**tal cosa**
era un sacrilegio	es war ein Frevel	
el pellejo	Haut	
la profanación	Entheiligung	
Ekué **murió** de **vergüenza**	Ekué starb aus Scham	
la mortificación	Kränkung	
sofocado	atemlos	
la carrera	Rennen	
con su **piel** se encueró el «ekué»	mit ihrer Haut bespannte man den „Ekué“	el **cuero**
las fiestas de iniciados	Feste der Eingeweihten	
el tambor	Trommel	
el castigo de los lengualargas	die Strafe der langen Zungen	
adornar lindo	schön schmücken	
con collares y cauris	mit Halsketten und Kaurimuscheln	

87 Búsqueda de identidad

la búsqueda	Suche	
desarraiga al negro	reißt den Neger von seinen Wurzeln los	
la situación de inferioridad	Situation der Unterlegenheit	
tierras extrañas	fremde Länder	
fuerzas **superiores**	überlegene Kräfte	
el ámbito **americano**	die amerikanische Welt, Umwelt	el **ambiente**
la afirmación de la raza	(Selbst)behauptung der Rasse	
el **instrumento**	Instrument	
la honda significación	tiefe Bedeutung	**profundo**
ancestral	aus alter Tradition stammend	
el trópico	Tropen	
encontrar asiento propicio	einen geeigneten Boden finden	**favorable, adecuado**
la nostalgia	Heimweh, Sehnsucht	
las selvas **africanas**	afrikanische Urwälder	
la diversa fauna	die vielfältige Tierwelt	
el curanderismo	Heilung durch Zauber	
vigente	gültig; lebendig vorhanden	
las creencias ancestrales	althergebrachte Glaubensvorstellungen	

siendo la religión un factor	da die Religion ein Faktor ist	
los poetas afroantillanos	die Dichter der Antillen mit afrikanischer Abstammung	
enumerar	aufzählen	
se define el conflicto	der Konflikt wird deutlich	
el negro sumiso	der unterwürfige Neger	
se queja con dolido acento	er beklagt sich in schmerzvollem Ton	
la intromisión	Einmischung	
Nicolás Guillén	kubanischer Dichter	
abandonar	aufgeben, verlassen	
la actitud mendicante	die Bettlerhaltung	
reclamar	fordern	
coger por las bridas	an den Zügeln fassen	
plántate	stell dich sicher hin	plantarse
en medio de la **puerta**	mitten in der Tür	
con tu cordura de loco	mit deiner Vernunft des Wahnsinnigen	

88 La señora Condesa

la condesa	Gräfin	
presurosamente	eilig	**rápido, rápidamente**
una **cartera** de **cuero**	eine Ledermappe	
frente a mi casa	vor/gegenüber meinem Haus	
con toda urgencia; **urgente**	ganz dringend; dringend	**urgentemente**
ahora mismo	jetzt sofort	**inmediatamente**
advertir	darauf aufmerksam machen	**advierto; advirtió**
está encabronada	ist erregt, erbost	
«joder»	Kraftwort (ficken)	
«puñetas»	Kraftwort (onanieren)	
por arrobas	jede Menge	
al estilo madrileño	im Madrider Stil	
codearse con	engen Umgang haben mit	
el hábito	Gewohnheit	la **costumbre**
tener por gracioso	für witzig halten	
gente de título y blasón	Leute mit Titel und Wappen	
la ira	Zorn	
el arriero	Fuhrknecht	
un inauténtico sonido	unechter Klang	
cosa importada	etwas Importiertes	

la costurera	Näherin	coser
retocar el suntuoso vestido	letzte Hand an das aufwendige Kleid anlegen	
el encaje fucsia	fuchsienrote Spitze	
la bata	Morgenmantel	
rojo cardenalicio	kardinalsrot	
pontifical	bischöflich	
Eugenia de Montijo	französische Kaiserin Eugénie, Gattin Napoleons III. (Adelige aus Granada, berühmte Schönheit)	
la cara que enarbolaba	das Gesicht, das sie aufsetzte („hißte“)	
la cólera	Wut, Zorn	
conspirador de mierda	Scheißverschwörer	
petardista	Lump	
laborante	Konspirant	
renegado	Verräter	
ácrata	Anarchist	
traidor de tu casta	Verräter deiner Kaste	
estar acostumbrado a	gewöhnt sein	**acostumbrarse** a
el estallido	Ausbruch	
por motivos tan nimios	aus so unbedeutenden Gründen	
un **peinado** fallido	eine danebengegangene Frisur	**peinarse**
un refajo mal **planchado**	ein schlecht gebügelter Unterrock	**planchar**
crónica mundana	Gesellschaftsklatsch	
registrar	durchsuchen	
proclamas subversivas	umstürzlerische Aufrufe	
injurias	Beleidigungen	
el Primer Magistrado	der oberste Beamte	
engendros que nos gastábamos	Ausgeburten, die wir von uns gaben	
la cochina universidad	die dreckige Universität	
la moralla	Gesindel	
incubadora de revolucionarios	Brutstätte für Revolutionäre	
me había empeñado en ...	ich hatte es mir in den Kopf gesetzt zu ...	
rectifiqué	ich berichtigte	rectificar
Clitemnestra	Klytamnestra; rasende Frau	
me aullaba	sagte mir mit heulender Stimme	
la orden de prisión	Haftbefehl	
la bondad, la indulgencia	Güte, Nachsicht	
se ahogaba en jadeos	sie erstickte fast vor Kurzatmigkeit	

te marchaste huyendo	du bist abgereist und geflohen	huir
me hice garante de ti	ich habe mich für dich verbürgt	
un policía de paisano	ein Polizist in Zivil	
el pasaje	Schiffskarte	
¡al carajo!	zum Teufel (männl. Glied), verdammt noch mal!	
una mesada	ein monatliches Geld	el **mes**
no te asomas	du läßt dich nicht blicken	
son antojos tuyos	das sind Launen von dir	
se permite el lujo de . . .	er leistet sich den Luxus, . . .	
fiesta que me has amargado	ein Fest, das du mir verbittert hast	**amargo**
cuanto se coma abajo	alles, was es unten zu essen gibt	**todo lo que**
están presos	sie sind festgesetzt	
vete a hacer puñetas	scher dich zum Teufel	
de buena te libraste	da bist du nochmal gut weggekommen	
bendición	meinen Segen	
la consagración de la primavera	Frühlingsopfer (nach dem Ballett von Strawinsky)	

89 La experiencia cubana

la experiencia	Erfahrung (auch: Experiment)	
en términos cuantitativos	quantitativ ausgedrückt	
el sectario	Sektierer	
más igualitario	mit der größten Gleichheit	la **igualdad**
más repartido	am besten verteilt	
erradicar el analfabetismo	den Analphabetismus ausrotten	
difundir los deportes	den Sport verbreiten	
poner al alcance de todos	allen zugänglich machen	**alcanzar**
pese a ello	trotzdem	**a pesar de ello**
el ideal igualitario	das Ideal der Gleichheit	
incompatible	unvereinbar	
el ideal libertario	das Ideal der Freiheit	la **libertad**
compaginar	vereinen	**combinar**
cuesta aceptar esta realidad	es fällt schwer, diese Realität zu akzeptieren	
trágico	tragisch	
colocar en la disyuntiva	vor die Alternative stellen	
el anverso y el reverso	Vorder- und Rückseite (einer Münze)	

la aspiración	Anspruch	
optar por	sich entscheiden für	**decidirse por**
e incluso admirable	und sogar bewundernswert	
simultáneamente	gleichzeitig	**al mismo tiempo**
ha ido apartándose	es hat sich allmählich abgewandt	
se halla regulada	ist geregelt	**está** regulada
un mecanismo **impersonal**	ein unpersönlicher Apparat	
anónimo	anonym, unpersönlich	
la protección social	sozialer Schutz, Sicherheit	
el pobre diablo	der arme Teufel	
las barriadas	die armen Vorstädte	
en términos extremos	im extremen Sinne	
alérgicas la una de la otra	gegenseitig unverträglich	
estar condenado a	verurteilt sein zu	

90 Alternativas para nuestras Américas

el **olor** de la guayaba	der Duft der Guave	**oler**
marginarse en **silencio**	sich in Stille zurückziehen	
el guión	Rundfunkmanuskript; Drehbuch	
la evolución	Entwicklung	**el desarrollo**
contradictorio	widersprüchlich	
parecido a nosotros	wörtlich: uns ähnlich hier etwa: uns angemessen	**parecerse**
producir efectos	Wirkungen hervorrufen	
organismos de **seguridad**	Sicherheitsstellen, -behörden	
ejercer férreo **control**	eine eiserne Kontrolle ausüben	
ser discutible	anfechtbar sein	
el punto de partida	Ausgangspunkt	**partir de**
tratar a una persona	mit jemand Umgang haben	
obedecer órdenes	Befehlen gehorchen	la orden
la situación de emergencia	Ausnahmezustand	
la comprensión/incomprensión	Verständnis/Verständnislosigkeit	
la hostilidad	Feindseligkeit	
resignarse a permitir	sich damit abfinden, zu erlauben	
la milla	Meile	
mientras persista	solange das noch andauert	persistir
no . . . sino . . .	nur	
vivir a la defensiva	in der Defensive leben	
fuera de su ámbito histórico	außerhalb seines historischen Raums	

normalizarse	sich normalisieren	**la normalidad**
la década	Jahrzent	
a raíz de	auf Grund von; infolge	
la detención	Verhaftung, Festnahme	
la autocrítica	Selbstkritik	
hacerse amigo de	sich anfreunden mit	
adoptar una actitud	eine Haltung einnehmen	
la madurez	Reife	**maduro**
sereno	ruhig, gelassen	
paciente	geduldig	la paciencia
podrido	verfault	
entre comillas	in Anführungszeichen	
tal vez	vielleicht	**quizás**
hasta donde sea posible	soweit möglich	
una historia accidentada	bewegte Geschichte (mit vielen Hindernissen)	
copiar	kopieren, nachahmen	

unidad 19

91 Aspectos de Andalucía

he **cumplido** 57 años	ich bin 57 geworden	**cumplir**
anda	sowas (Anerkennung, Überraschung)	
la **pronunciación**	Aussprache	
inglés, francés	englisch, französisch	
regular	mittelmäßig	
justo	genau!	
se nota que soy andaluz	man merkt/hört, daß ich Andalusier bin	
ver **a distancia**	aus der Ferne sehen, betrachten	
vecina de Portugal	Portugal benachbart	
paradisíaco	paradiesisch	
un **sentido** de la **existencia**	eine Empfindung für das Leben	
una nota sicológica	ein psychologisches Merkmal	
no es ninguna **casualidad**	es ist kein Zufall	
don Juan, **doña** Ana	Don Juan, Doña Anna (don, doña vor Vornamen)	
el flamenco	Flamenco (Musik, Tanz)	
bello	schön	
históricamente	historisch gesehen	
los **árabes**	die Araber	
recuerdo haberme preguntado	ich erinnere mich, daß ich mich gefragt habe	
la **mezcla** de culturas	die Mischung von Kulturen	
la **conclusión de que**	der Schluß (Schlußfolgerung), daß	
dudoso	zweifelhaft	**duda; dudar**
la **Semana Santa**	Osterwoche	
amplio	breit, weit	
pagano	heidnisch	
místico	religiös, mystisch	
el escenario natural	natürlicher Schauplatz	
lo iluminan **maravillosamente**	sie beleuchten es wunderbar	

. . . y **demás**	und so weiter	
por cierto	übrigens	
era muy charlatán	er redete gern viel	
le pasaba lo que a mí (me pasa)	es ging ihm so wie mir	
cuando se embalaba	wenn er in Fahrt kam	
no había quién le **parara**	es gab niemand, der ihn bremsen konnte	
la **conversación**	Gespräch	
imaginarse	sich vorstellen	

92 Los toros

el toro **se halla**	den Stier findet man	**se encuentra**
una totémica presencia	Vorhandensein als Totem (Schutzgeist)	
la referencia	Hinweis	**referirse a**
monumentos celtibéricos	Denkmäler der iberischen Kelten	
a pares	in Paaren	el **par**
la ganadería	Viehzucht	
la despoblación del campo	Entvölkerung des Landes	
a finales del siglo XVII	Ende des 17. Jahrhunderts	
a principios del XVIII	Anfang des 18. Jahrhunderts	
vaciar literalmente	buchstäblich entleeren	vaciar: vacía
el ocio agrícola	landwirtschaftliche Untätigkeit	
la cría de reses bravas	Aufzucht von Kampfstieren („tapferen Rindern“)	
nace el toreo **a pie**	es entsteht der Stierkampf zu Fuß	
los Borbones	Bourbonen (französische Dynastie, die Anfang des 18. Jh. auf den spanischen Thron gelangte)	
el deporte ecuestre	Reitersport	
la distracción	Zerstreuung	
apoderarse de	sich bemächtigen	
matar toros en las **plazas**	Stiere in den Arenen töten	
el ganadero	Viehzüchter	
la cerámica popular	populäre Keramik	
los juguetes	Spielzeug	
los festejos pueblerinos	Dorffeste	
criar	züchten	
el criador	Züchter	
el toro de lidia	Kampfstier	

93 Jerez

es punto y aparte	ist etwas Besonderes (im Diktat: Punkt - Absatz)	
es otro planeta	eine andere Welt	
brilla desde la antigüedad	leuchtet seit dem Altertum	
un faro mágico	ein magischer Leuchtturm	
que **atrajera** las naves	der die Schiffe anzog	**atraer: atrajo**
Fenicia	Phönizien	
Marcial	Martial (lateinischer Dichter des 1. Jh. n. Chr., in Spanien geboren)	
deja escrito en latín	er hat lateinisch geschrieben (hinterlassen)	
el piropo con firma	Kompliment mit Unterschrift (eines großen Namens)	
el homenaje **definitivo**	die endgültige Ehrung	
el **principio**	Prinzip; (auch: Anfang)	
abjurar	abschwören	
la bebida insípida	fades, geschmackloses Getränk	
como si	als ob	
ser un mandato	ein Gebot sein	
navegar	mit Schiffen fahren	
cosechar	ernten	
en primer lugar	an erster Stelle; vor allem	**sobre todo**
un sol generoso	eine großzügig verwöhnende Sonne	
el **aire;** el airecillo	Luft(zug); feine Luftbewegung	**-cillo**
manipulan el vino sin tocarlo	sie verändern den Wein, ohne ihn zu berühren	
la comarca	Gegend	
el riesgo	Gefahr, Risiko	
el gozo	Freude	
una materia viva	ein lebendiges Material	
imprevisible	unvorhersehbar, unberechenbar	
es un **hermoso** trabajo	es ist eine schöne Arbeit	
la recompensa	Belohnung	
cualquier **rincón** del mundo	jeder Winkel der Welt	
traducir	übersetzen	
de esta manera	so, auf diese Weise	**de esta forma**

94 La tierra y su distribución

la distribución	Verteilung, Aufteilung	
la superficie forestal	Waldfläche	
pastos	Weiden	
por tanto	deshalb	**por ello, por esto**
en principio	im Prinzip, grundsätzlich	
el rendimiento	Ertrag	
los cereales	Getreide	
la vid	Weinstock	
por consecuencia	folglich	
el secano (sin regadío)	nicht künstlich bewässertes Gebiet	
la vitivinicultura	Weinbau und Weinerzeugung	

95 Doña Rosita la Soltera

soltero, soltera	unverheiratet	
una prenda **íntima**	ein vertrautes Kleidungsstück	
arrancar del cuerpo	vom Körper reißen	
las notas de **examen**	Examensnoten	**examinar, examinarse**
el temblor	Zittern	
cortando el mismo clavel	dieselbe Nelke schneidend	
viendo las mismas **nubes**	dieselben Wolken sehend	
me dejan atrás	sie überholen mich und lassen mich zurück	
la **solterona**	die alte Jungfer	**-ón, -ona**
con la cabeza rizada	mit einem Lockenkopf	
no hay quien le clave el **diente**	niemand kann da anbeißen	clavar
la **boca** llena de veneno	den Mund voll Gift	
no **moverme** más	mich nicht mehr (weg)bewegen	
el ama	Amme	
de ningún modo	keinesfalls	**de ninguna manera**
perdí la **esperanza**	ich habe die Hoffnung verloren	**desesperado**
sin embargo	und doch; trotzdem	
con la ilusión perdida	mit verlorener Hoffnung	
me acuesto	ich gehe ins Bett	**acostarse -ue-**
respirar	atmen	
me ronda, me muerde	umkreist mich, beißt mich	
un lobo moribundo	ein sterbender Wolf	
apretar los dientes	die Zähne einschlagen	
por última vez	zum letzten Mal	**por primera vez**

no me hiciste caso	du hast nicht auf mich gehört	
estaba **atada**	ich war gebunden	atar
sincero	ehrlich, aufrichtig	**la sinceridad**
procurarse mi **cariño**	meine Liebe gewinnen	**cariñoso**
yo he sido siempre **seria**	ich bin immer seriös gewesen	

96 Opiniones sobre la mujer

estos discursos	diese Reden	
hombres superficiales	oberflächliche Menschen	
por lo común	im allgemeinen	**normalmente**
no ... sino	nur	
aquellos oficios caseros	jene häuslichen Arbeiten	
por ello	deshalb	
lo más gracioso es	das Komischste daran ist	
de cortísimo alcance	äußerst beschränkt	
las letras	Literatur (auch: Wissenschaft)	
considerables ventajas	beträchtliche Vorteile (hier etwa: Leistungen)	la **desventaja**
sabio	weise, gelehrt	
mi voto	mein Votum, meine Meinung	
las capacidades	Fähigkeiten	**ser capaz de**
noble	vornehm	
un animalejo imperfecto	ein unvollkommenes Tierchen	
no tendrá por oprobio	wird es nicht für eine Schande halten	
rendirse	sich ergeben	
conozca su dignidad	sie möge ihre Würde erkennen	
fray	Titel für Ordensgeistliche	
cartas eruditas	gelehrte Briefe	
igualado en derechos	gleichgestellt an Rechten	
deja de ser mujer	sie hört auf, Frau zu sein	
un ente patológico	ein krankes, pathologisches Wesen	
el **artista**	Künstler	el **arte; artístico**
recibir inspiración	Inspiration bekommen	
un ser tan extraño	ein so seltsames Wesen	
la educación juvenil	Jugenderziehung	
soy **contrario** a la coeducación	ich bin gegen die gemeinsame Erziehung	
radical	radikal, absolut	
el ciudadano	Bürger	

una formación encaminada a . . .	eine Bildung, die darauf ausgeht, . . .	el **camino**
una buena **esposa**	eine gute Ehefrau	el **esposo, marido**
un ser **útil** a sus semejantes	ein seinesgleichen nützliches Wesen	

unidad 20

97 La leyenda de El Dorado

sacudir	schütteln, erschüttern	
alucinante	fesselnd (Halluzinationen hervorrufend)	
confuso	unbestimmt, wirr	
abundante	reich, im Überfluß	
el ídolo de oro macizo	Götterbild aus massivem Gold	
calles empedradas de oro	mit Gold gepflasterte Straßen	
el metal precioso	Edelmetall	
las pedrerías	Edelsteine	
una resina olorosa	duftendes Harz	
en lugar de traje	anstatt eines Anzugs	**en vez de**
le espolvoreaban polvo de oro	sie bestäubten ihn mit Goldstaub	
el oro reluciente	glänzendes Gold	**brillante**
no nos debe extrañar	es braucht uns nicht zu wundern	
hasta	sogar	
la ingenua **imaginación**	die naive Phantasie	**imaginarse**
la amazona	Amazone	
por lo tanto	deshalb	**por eso**
confiar en que ...	darauf vertrauen, daß ...	
vino a ser mucho más tarde	es sollte viel später sein	
positivamente	tatsächlich	
en las riberas del Orinoco	an den Ufern des Orinoco	
una riqueza inagotable	unerschöpflicher Reichtum	interminable

98 Algunas nociones sobre Venezuela

dotado por la naturaleza	von der Natur (reich) ausgestattet	
la disponibilidad	Verfügbarkeit	**tener a disposición**
flora y fauna	Pflanzen- und Tierwelt	
la materia prima	Rohstoff	
el patrimonio	der (ererbte) Besitz	

eficiente y racional	wirksam und rationell	
los recursos naturales	die Rohstoffreserven	
expoliar	ausbeuten	
los consorcios extranjeros	ausländische Konzerne	
¿qué nos depara el futuro?	was bringt uns die Zukunft?	
el subsuelo	Bodenschätze	
la caída de agua	Wasserfall	
vías de comunicación	Verkehrswege	
a un ritmo determinado	in einem bestimmten Rhythmus	
particulares	Privatpersonen	
está planteada una reforma	es erhebt sich die Frage einer Reform	
librar	befreien	**libre**
el desenvolvimiento	Entwicklung	**el desarrollo**
la nacionalización	Verstaatlichung	
en conclusión	alles in allem	
un país dominado	ein beherrschtes Land	
no compartir el término	den Begriff nicht wie andere gebrauchen (teilen)	
entiendo quc	ich bin der Meinung, daß	
por excelencia	schlechthin	

99 Llegó la Navidad

cada quien/cada uno	jeder	
no tengo con quién	ich habe niemand (mit dem ich etwas machen könnte)	
no hago un carajo	ich nehme das nicht so wichtig	
en mi catre	auf meiner Pritsche	
el burro	Esel	
depositar	niederlegen, hinlegen	
debajo de mi chinchorro	unter meine Hängematte	
dejar la escogencia	die Wahl überlassen	**escoger**
el arbitrio	freie Entscheidung	
el placer	Freude	
amanecer	Tag werden	
la obsesión	Besessenheit, fixe Idee	
el milagro	Wunder	
concebir una esperanza	eine Hoffnung fassen	
ponerse a rezar	anfangen zu beten	
como un **desesperado**	wie ein Verzweifelter	**desesperarse**

invocar	anrufen	
tal vez	vielleicht	**quizás**
el milagro no se produjo	das Wunder fand nicht statt	**producirse**
arrastrado por las turbias aguas	mitgerissen vom trüben Wasser	
los troncos muertos	die toten Stämme	
los detritus	Abfälle; Abwasser	
rumbo al mar	mit Kurs aufs Meer	

100 Carnavalito

el carnavalito	Weihnachtslied	
el cholo, el cholito	Cholito, Mischling	
toca y retoca el tambor	schlag (immer wieder) die Trommel	
la quena	Bambusflöte der Anden	
bebe pisco	trink Branntwein (Perú)	
masca coca	kau Cocablätter	
es Nochebuena	es ist Heiliger Abend	
carpintear	zimmern, schreinern	
la cuna	Wiege	
el llanto	das Weinen	**llorar**